TEMAS DE
GRAMATICA
ESPAÑOLA
TEORIA Y PRACTICA

CURSOS INTERNACIONALES

JULIO BORREGO NIETO

JOSÉ J. GÓMEZ ASENCIO

EMILIO PRIETO DE LOS MOZOS

———

DEPARTAMENTO DE LENGUA ESPAÑOLA

UNIVERSIDAD DE SALAMANCA

TEMAS DE GRAMATICA ESPAÑOLA
TEORIA Y PRACTICA

EDICIONES UNIVERSIDAD DE SALAMANCA

CURSOS INTERNACIONALES UNIVERSIDAD DE SALAMANCA

SALAMANCA

1998

ESPAÑOL PARA EXTRANJEROS
3

© Ediciones Universidad de Salamanca
1ª edición: 1982
14.ª reimprensión: octubre 1998
I.S.B.N.: 84-7481-690-4
Depósito Legal: S. 214-1996

Ediciones Universidad de Salamanca
Apartado 325
E-37080 SALAMANCA (España)

Impreso en España - Printed in Spain
Impresión:
Imprenta "Calatrava", Soc. Coop.
Teléfono y fax (923) 19 02 13
37008 SALAMANCA (España)

°

Estos Temas de Gramática Española *nacen de la revisión y ampliación de un texto anterior* *, *que hemos modificado profundamente a tenor de la experiencia recogida por nosotros mismos y por un buen número de compañeros a lo largo de los cuatro últimos años.*

Puesto que está concebido para la enseñanza del español en un nivel superior, el libro se centra en aquellos temas sintácticos que consideramos de mayor rendimiento y de más difícil asimilación. Los conocimientos de morfología se suponen previamente adquiridos por el alumno; pese a ello, en algunas unidades aparecerán ejercicios de repaso sobre aspectos morfosintácticos que conviene tener siempre presentes.

Este libro consta de 36 unidades, cuya estructura tlpo viene a ser la siguiente:

1. *En cuerpo menor, y antes de la explicación puramente teórica, aparece una breve presentación de las reglas por las que se rige la cuestión gramatical estudiada.*

2. *Slguen inmediatamente unos rccuadros encabezados por una de estas dos palabras:*

   RECUERDE

   COMENTARIO

   En los del primer grupo se formulan reglas de carácter general; buena parte de ellas ya serán conocidas por el alumno.
   En los del grupo segundo se dan reglas de menor alcance y referidas a fenómenos más concretos, pero no por ello menos importantes.

* *Gramática Española Práctica*, Salamanca, Ed. Universidad de Salamanca, 1978.

3. Tras cada uno de estos recuadros se ofrecen una o varias tandas de EJERCICIOS destinados a practicar la teoría expuesta previamente.

4. Por fin, en los lugares más oportunos, introducimos nuevas tandas de EJERCICIOS que llamamos de RECAPITULACIÓN. Repasan unidades anteriores que versan sobre un mismo tema (por ejemplo, el subjuntivo), y, a la vez, algunos de ellos sugieren nuevas consideraciones teóricas mucho más particulares que van en nota a pie de página.

Hemos preferido soslayar, en la medida de lo posible, todo tipo de terminología especializada. Nuestro vocabulario técnico es deliberadamente claro y conocido incluso por personas sin una formación lingüística superior. Razones didácticas nos han aconsejado tal postura. Esto no debe interpretarse en modo alguno como un abandono del rigor teórico que debe acompañar a cualquier empresa científica y seria.

Salamanca, verano de 1982

I
LOS TIEMPOS DE INDICATIVO 1

A. Los tiempos de indicativo.

Juan

| bailó – *danced*. |
| bailaba – *danced* |
| había bailado *He had danced.* |
| ha bailado   con Tomasa *has danced*. |
| baila   *He dances.* |
| bailará   – *will dance.* |
| habrá bailado   – *will have danced.* |

Para que la acción de bailar se entienda claramente como PASADA ¿qué forma de las anteriores debo utilizar? Sin duda una de las cuatro primeras; con las dos últimas, en cambio, la acción se ve como FUTURA, y con *baila* en principio indicamos que la acción es ACTUAL.

RECUERDE

→ Dentro del modo indicativo hay cuatro tiempos PASADOS:

bailaba: pretérito imperfecto (o imperfecto)
bailó: pretérito indefinido (o pretérito)
había bailado: pretérito pluscuamperfecto
ha bailado: pretérito perfecto (o presente perfecto) *

dos FUTUROS:
bailará: futuro (o futuro imperfecto)
habrá bailado: futuro perfecto

y un PRESENTE:
baila: presente

→ Debe usted usar el indicativo siempre que no haya razones que aconsejen el subjuntivo. Ya veremos más adelante cuáles son tales razones.

---

* Este nombre obedece a que *ha bailado* está muy ligado al presente.

B. Pretérito indefinido vs. pretérito perfecto.

1. En agosto los precios *han subido* poco.
2. En agosto los precios *subieron* poco.

En la frase 1. entendemos que todavía estamos en agosto; en 2., en cambio, entendemos que agosto ya ha terminado. Los tiempos empleados son los responsables de la distinción.

RECUERDE

→ El pretérito perfecto *(han subido)* indica acción pasada, pero situada en un espacio de tiempo que **no ha terminado todavía;** el indefinido (*subieron*) expresa también acción pasada, pero situada en un espacio **ya terminado.**

→ En muchas ocasiones no está especificado si el espacio en que se sitúa la acción está terminado o no:

> Ya he acabado de comer
> Ha vivido varios años en Andalucía
> Mi padre ha muerto

En estos casos se usa el perfecto si la acción está muy próxima al presente o si sus efectos son actuales: así se ha interpretado en los ejemplos de arriba.

→ De todas formas, entre perfecto e indefinido hay confusiones frecuentes (debido sobre todo a que un pasado puede siempre acercarse psicológicamente al presente) y preferencias regionales.

I. *Ponga pretérito perfecto o indefinido:*

1. Hoy (haber) . . . . sensibles bajas en la bolsa
2. Ayer (yo, comprar) . . . . el vino que necesitaba
3. Este mes tu padre (leer) . . . . pocas veces el periódico
4. El mes pasado (tocarme) . . . . la lotería
5. La ciencia (progresar) . . . . mucho en el presente siglo
6. En el siglo XIX los obreros (hacer) . . . . las primeras huelgas
7. Nunca (=en mi vida) (yo, ver) . . . . París
8. El Cid nunca (estar) . . . . en Buenos Aires

C. Pretérito indefinido vs. imperfecto.

Imaginemos que Tomás (60 años) dice:
1. Hace un año *jugaba* al fútbol y me *cansaba* mucho.
2. Hace un año *jugué* al fútbol y me *cansé* mucho.

En ambos casos Tomás nos está hablando de acciones pasadas. Pero en 1. Tomás jugó y se cansó varias veces; en 2., en cambio, tuvo la prudencia de hacerlo una sola vez. La misma diferencia hay entre 3. y 4.:
3. Robaba dinero en el metro
4. Robó dinero en el metro

RECUERDE

Uno de los valores más claros del imperfecto de indicativo es la expresión de una acción **repetida o habitual** en el pasado.

II. *Coloque en la línea de puntos una de las expresiones siguientes, de modo que los resultados sean correctos:*

siempre	un buen día
habitualmente	aquel fin de semana
una vez	cada vez
a menudo	una sola hora
en 1965	todos los años

1. Cuando éramos jóvenes montábamos .... en bicicleta; .... me caí y me hice daño.
2. Antes iba a verme y .... me llevaba caramelos; pero .... dejó de ir.
3. El año pasado fui a pescar .... en toda la temporada
4. .... llevábamos la comida de casa; pero .... se nos olvidó
5. El perro me mordía .... que le tiraba del rabo
6. .... íbamos a la sierra, pero .... tuvimos que quedarnos en casa a causa del mal tiempo.

★ ★ ★

Observemos el texto siguiente:

"La luna *era* grande y redonda. El niño *jugaba* en el comedor, y la joven *tocaba* el piano, mientras el padre *encendía* el fuego. Fuera se *oyó* una canción".

Aquí los imperfectos no indican repetición. Indican que *ser, jugar, tocar* y *encender* no han terminado cuando se *oye* la canción. Si decimos:

"el padre *encendió* el fuego. Fuera se *oía* una canción".

es el *oírse* lo que no ha terminado cuando el padre *enciende* el fuego.

RECUERDE

El imperfecto indica también que una acción pasada, ya iniciada, **todavía no ha terminado** cuando sucede otra. El indefinido, en cambio, presenta la acción pasada como **un todo cerrado y concluido.**

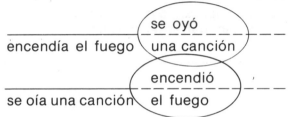

Como en el texto del ejemplo, el imperfecto crea con frecuencia una especie de **escenario** donde aparecen una serie de acontecimientos puntuales expresados en indefinido.

III. *Construya frases en pasado con los siguientes elementos:*

Ej.: Laura venir - yo no estar en casa
Cuando Laura vino, yo no estaba en casa.
Laura vino y yo no estaba en casa
Laura vino porque yo no estaba en casa, etc.

1. Asunción ir por la calle - un chico llamarla guapa
2. Llegar una carta - mi padre estar en la oficina
3. Mi hermano tener la camisa sucia - lavársela
4. Ducharme con agua fría - hacer mucho calor
5. En España haber un gobierno republicano - empezar la guerra civil
6. Antonio comer - después irse al cine
7. Cuando yo conocer al profesor - estar muy pálido y enfermo
8. Cuando Isabel ser joven - salir con un hombre - tener 40 años

9. Llover terriblemente - no llevar paraguas - meterme en un museo
10. Ser las tres de la mañana - llegar tarde a casa - al día siguiente tener que madrugar
11. Preocuparle el problema - no poder dormir
12. Los invitados no comer nada - ponerles carne - ser vegetarianos
13. Poner el televisor muy alto - haber mucho ruido en la calle

★ ★ ★

1. Andrés dijo que *tenías* suerte
2. Andrés dijo que *habías tenido* suerte
3. Andrés dijo que *tuviste* suerte

En 1. el hecho de *tener* no ha terminado cuando Andrés lo dijo; en 2. *tener* es un hecho anterior y terminado; 3. equivale a 2. en su significado, pero es una construcción poco recomendable.

RECUERDE

En una estructura con indicativos del tipo

decía (imperfecto)
dijo (indefinido)   } + *(de) que* + VERBO EN[*] PASADO
había dicho (pluscuamperfecto)

dicho pasado es pluscuamperfecto (acción anterior) o imperfecto (acción no anterior). En realidad el uso del imperfecto aquí es consecuencia del valor visto en el RECUERDE anterior.

Ejemplos:
Pensó que *eras* tonto (en ese momento)
Pensó que *habías sido* tonto (antes)
Había notado que *hacía* calor (en ese momento)
Había notado que *había hecho* calor (antes)

---

[*] Naturalmente, el primer verbo puede ser *decir* o cualquier otro. El segundo verbo se une al primero, con *que* (caso de *decir*) o con *de que* (caso de *darse cuenta*, por ejemplo).

IV. *Complete con un verbo en pasado.*

1. Creímos que...............
2. Sabíamos que ....
3. Habíamos oído que ....
4. Juró que ....
5. Soñé que ....
6. Habían comprobado que ....
7. Me parecía que ....
8. La radio informó de que ....
9. Purita se había dado cuenta de que............
10. El profesor dio la noticia de que ....

D. Pluscuamperfecto y futuro perfecto.

Usted quiere ir de excursión. Pero a usted le gusta dormir y pierde el autocar. Al día siguiente va a la agencia de viajes y pregunta:

—¿A qué hora salió ayer el autocar?
—A las ocho
—Yo llegué a las ocho y diez
—Claro, a esa hora ya *había salido*

El empleado usa como referencia un punto del pasado (las ocho y diez de ayer) para hablar de una acción anterior (salir).

RECUERDE

El indefinido (*salió*) alude a una acción situada en un punto del pasado. El pluscuamperfecto (*había salido*) a una acción terminada en un punto del pasado **anterior a otro punto, también pasado,** que se usa como referencia.

Usted todavía no ha perdido el autocar porque la excursión es mañana. Pregunta:

—¿A qué hora saldrá el autocar?
—A las ocho en punto
—¿No puede esperar hasta las ocho y diez?
—No, no. A esa hora ya *habremos salido.*

V. *De acuerdo con la información dada en a) complete b):*

1. a) El camión pasará a las diez y media
   b) A las once menos cuarto ....

2. a) Cuando el jefe de papá llame a la puerta mamá pondrá el mantel nuevo
   b) Cuando el jefe de papá ya esté en el comedor ....

3. a) Si pongo la televisión, mi abuelo se quedará dormido
   b) Cuando la televisión lleve una hora funcionando ....

4. a) Mi madre salió de compras a las once y tardó media hora en gastarse todo el dinero
   b) A las doce mi madre ....

5. a) Estuvo en casa de María Luisa y después se lo dijo a todo el mundo
   b) Le dijo a todo el mundo que ....

6. a) Cuando conoció a Mario, Encarna notó que usaba peluca
   b) Cuando se casó con Mario, Encarna ya ....

7. a) El domingo te devolveré las cien pesetas que te debo
   b) El lunes ....

8. a) El conductor aparcó el coche en lugar prohibido
   b) El guardia le puso una multa porque.............

9. a) La besé antes de que se encendieran las luces
   b) Se encendieron las luces, pero ya ....

10. a) El juicio terminará el 15 de setiembre
    b) El 20 de setiembre ....

II
LOS TIEMPOS DE INDICATIVO 2

EJERCICIOS

I. *Un periódico español publicó no hace mucho la siguiente historia. Ponga sus verbos en pasado:*

Un matrimonio católico, ya maduro, va a misa la tarde de un domingo. Él, debido a los años y a lo mucho que ha trabajado en su vida, tiene una salud delicada y duerme mal por las noches. Entran en la iglesia y ocupan uno de los primeros bancos. Es un típico verano español y, en consecuencia, hace un calor
5 espantoso. Al hombre poco a poco empieza a entrarle sueño y se queda dormido. Comienza a soñar: vive en la época de la Revolución Francesa. Es un hombre del antiguo régimen, ha sido hecho prisionero y su cabeza va a rodar en la guillotina. Lo colocan en la máquina, la cuchilla va a caer...

En ese momento, en la vida real, la mujer mira hacia su marido, lo ve dor-
10 mido y le da un golpecito en el cuello con el abanico para despertarlo. El hombre recibe un susto tal, que sufre un infarto y muere inmediatamente sin recobrar el conocimiento.

(Por cierto, el periódico decía que la historia *no podía ser real,* e invitaba a los lectores a descubrir por qué. ¿Quiere usted intentarlo?).

II. *Un estudiante extranjero recuerda, después de varios años, aquel curso que pasó en España. Ponga los verbos en los tiempos de indicativo que corresponda:*

Todos los días (levantarme) ..... a las ocho, (lavarme) .... , (vestirme) .... y (irme) .... a clase. El profesor (ser) .... un hombre bajito y moreno, pero simpático. Recuerdo que un día nos (hablar) .... del vino español, y al día siguiente yo no (ir) ..... a clase por la borrachera que (coger) .... la noche anterior.

En Navidad viajé por Europa y conocí gentes y costumbres nuevas. Viví en España nueve meses, de octubre a junio.

Vimos en la unidad anterior que el imperfecto expresa acción repetida o habitual en el pasado. PERO OBSERVE:

En las dos últimas líneas del texto anterior hay acción habitual o repetida en el pasado y no aparece imperfecto:

> Viví en España nueve meses
> En Navidad viajé por Europa

COMENTARIO AL EJERCICIO II

→ En ocasiones las acciones pasadas repetidas o habituales se expresan en indefinido porque el hablante ve en ellas **un solo conjunto de hechos** y las trata, por tanto, como un hecho puntual.

→ En este sentido merece especial mención la acción habitual o repetida **acompañada de un complemento que la sitúa en un espacio cerrado de tiempo** (el verano, la Navidad, nueve meses, etc.). Tal acción va con frecuencia en indefinido porque el uso del imperfecto haría que también **el complemento se entendiera como repetido:**

En Navidad *viajé* por Europa (sólo hice viajes una vez).
En Navidad *viajaba* por Europa (Era habitual que en Navidad hiciera viajes)
Viví 9 meses en España y luego me *fui* (sólo una vez viví nueve meses en España)
Vivía 9 meses en España y después me *iba* (varias veces ocurrió lo mismo).

III. *Sustituya los infinitivos entre paréntesis por el tiempo que corresponda:*

1. En el siglo pasado la medicina (avanzar) .... mucho
2. El descubrimiento de América (tener) ....lugar en 1492
3. Galdós (dedicar) .... la mayor parte del día a escribir
4. Galdós (dedicar) ....la mayor parte de su vida a escribir
5. (Suceder)............. muchas cosas desde la caída del Imperio Romano hasta hoy.

6. (Suceder).............. muchas cosas desde la caída del Imperio Romano hasta la Revolución Francesa.

7. (Ir) .... hacia Buenos Aires cuando lo atropellaron

8. Cuando se publique ya lo (leer) ....: tengo el original en casa

9. (Estar)........ leyendo y de pronto sonaron fuertes golpes en la puerta

10. Me confesó que se (examinar) .... hacía dos años

11. No ganó la carrera, aunque se (preparar) .... concienzudamente

12. —¿Cuándo (tú, comprar)................... ese coche?

    —Lo (comprar) .... este mismo año

13. —¿Sabes que tu prima (casarse) .... el año pasado?

    —No, no (enterarse) ....

14. Ya me (beber) .... media botella de vino

15. El viejo (dormir) .... en aquella cama durante dos años

16. Lávate la cara: se te (notar)........... que (llorar) ....

17. Marta (asistir) ....a clase dos meses, y luego dejó los estudios

18. —Mañana (yo, hablar) .... con tu profesor

    —Mañana (ser) .... demasiado tarde: ya me (suspender) .....

19. Puedes ir a buscar el libro el domingo. Para entonces ya lo (leer) ....

20. En mi juventud (trabajar) ....tres años en Alemania arreglando coches.

21. (Yo, estar) .... en forma porque ahora todos los días (jugar) ...... al fútbol.

22. Quien da pan a perro ajeno (perder) .... pan y (perder)........... perro

23. —¿Qué haces?

    —Ya ves, (leer) .... para matar el tiempo.

Los valores del presente que aparecen en las frases 21, 22 y 23 son normales en español. PERO OBSERVE que también lo es el de las siguientes:

    1. Mañana me examino de Matemáticas

    2. Dentro de dos horas se van al fútbol

    3. La película se estrena el mes que viene

En todas, no obstante, es posible el futuro.

IV. *Cinco de las siguientes frases tienen su verbo en un tiempo inadecuado. ¿Cuáles son? Corríjalo:*

1. —Levanta los brazos y deja caer el cuerpo hacia adelante. ¿Entendiste?
    —Sí, lo he entendido
2. Cervantes es hoy mundialmente famoso, pero en su vida ha sufrido mucho
3. Los astronautas norteamericanos salen el próximo viernes hacia la luna
4. El gobierno español se reúne mañana para estudiar el problema de la pesca
5. Ayer te veía: tú entrabas en el cine y yo salía
6. La sobrina vendrá con su marido
7. Ayer sólo conseguía ganar una partida en toda la noche
8. Durmió profundamente cuando sonó la explosión que lo despertó
9. Voy a empezar el discurso a las ocho
10. Cuando Sancho Panza visitó a Dulcinea, la dama estaba acribando trigo
11. La actriz está vistiéndose para salir al escenario
12. No me llames a esa hora porque estaré bañando al niño
13. No me gusta que me molesten cuando estoy comiendo

Como ha comprobado usted en el ejercicio anterior (frases 10, 11, 12, 13) existe en español la construcción *estar* (nunca *ser*) + *gerundio*. PERO OBSERVE: no es posible en los siguientes ejemplos:

1. —¿Adónde vas?
    —*Estoy yendo* a la Universidad
2. Veo que Amelia *está teniendo* un sombrero nuevo
3. Esta noche no voy a poder ir contigo: *estoy cenando* en casa de mis primos

El español recurre a *estar + gerundio* (sobre todo en presente —*estoy escribiendo*—, pero también en pasado y futuro) para situarnos en **pleno desarrollo de una acción.**

Las reglas de empleo de la construcción están muy ligadas a la naturaleza de cada verbo. Digamos sólo por el momento que algunos no la admiten (*ir, venir, tener, querer, saber, significar, permanecer, quedarse,...*) y que no tiene por sí misma valor de futuro. Se dice:

> ¿*Vas a hacer* algo luego?

pero no

> ¿*Estás haciendo* algo luego?

V. *Cambie usted la forma verbal de las frases 3, 4, 6 y 9 del ejercicio anterior sin que se modifique el significado.*

VI. *En la siguiente frase aparece una acción habitual frente a la misma acción en desarrollo:*

Todos los días estudio de 5 a 9. Ahora son las ocho y estoy estudiando

Aplique usted el mismo esquema en estas:

1. Siempre que puedo, (yo, leer) .... novelas de aventuras. Ahora (yo, leer) ....*El tiburón domado*

2. Mira María, (ir) .... a clase. (ir)................los lunes y los miércoles

3. ¿(tú, tener) .... ahora muchos alumnos? Sí, en verano siempre (tener) .... bastantes

4. Los muebles de mi casa los (hacer).............. mi marido. Ahora (hacer) ....una mesa

5. De ordinario el equipo (jugar).......... bien, pero hoy (jugar) .... bastante mal

6. Eufrasia (querer)............... las cosas más inverosímiles. Ahora (querer) .... que le compre un elefante

7. No (yo, saber) .... que eras tan cruel, pero ahora ya (saberlo) ....

8. —¿(tú, ver) .... el programa musical de los sábados?
—Normalmente no, pero hoy sí lo (ver) ....

III
LOS TIEMPOS DE INDICATIVO 3

A. El condicional

Tomemos un verbo en presente del que depende otro en futuro:

> Los astrólogos *piensan* que en el año 2000 se *acabará* el mundo.
> Los astrólogos *piensan* que en el año 2001 se *habrá acabado* el mundo.

Si transformamos el presente en pasado, el futuro pasa a condicional:

> Los astrólogos *pensaban* que en el año 2000 se *acabaría* el mundo.
> Los astrólogos *pensaban* que en el año 2001 se *habría acabado* el mundo.

RECUERDE

El indicativo tiene otros dos tiempos que hasta ahora no hemos mencionado: el condicional simple (*cantaría*) y el compuesto (*habría cantado*). Los dos son capaces de funcionar como **un futuro en el pasado.**

I. *Utilizando la información que ha recibido sobre el imperfecto y el pluscuamperfecto (pág. 13), y el condicional, ponga en pasado las frases siguientes:*

1. Pienso que tarde o temprano te casarás
2. Admito que con el traje nuevo estará más guapa
3. No sé si habrás terminado a la hora del cine
4. La gente nota que el pescado huele mal

5. Pregunta una chica si hemos encontrado un bolso
6. Te recuerdo que el correo llegará a las nueve y veinte
7. Creemos que la central nuclear se construirá
8. Creemos que la central nuclear se está construyendo
9. Creemos que la central nuclear ya se ha construido
10. El ministro dice que en el año 1990 la peseta estará más alta que el dólar

★ ★ ★

Un amigo le dice a otro:

¿Tomarás unas copas con nosotros?

y el amigo contesta:

Las tomaría encantado, pero estoy de servicio

RECUERDE

→ El condicional simple (*tomaría*), además de funcionar como futuro en el pasado, puede indicar **acción propiamente futura**, pero la realización de la misma es **sólo una hipótesis** debido a la existencia de un fuerte obstáculo. En el ejemplo anterior, el obstáculo es el servicio. En el siguiente, la nieve:

iría a clase si no nevara.

→ El condicional compuesto (*habría comido*), además de tener el valor visto en el cuadro anterior, puede expresar un **pasado que se formula como hipótesis**, pero que no llegó a realizarse*:

Si fuera rico, te *habría invitado* (pero la invitación nunca llegó).

II. *Emilia tiene planes para el fin de semana y se los expone a su amiga.*

a) *Utilizando las formas de expresar futuro vistas hasta ahora, complete los planes de Emilia.*

---

* Quedan así enunciados los valores generales de los dos condicionales. Al estudiar el período condicional daremos más precisiones al respecto.

Este fin de semana...

1. (ir) .... al pueblo de mis tíos.

2. (estrenar) .... la barca que me han regalado

3. (esquiar) .... pero no hay nieve.

4. (bañarme) ....si no estuviera el agua tan fría.

5. (empezar) .... a estudiar para el examen.

6. (comer) .... mariscos, ¡pero son tan caros!.

7. (pedirle) .... el coche a mi padre.

8. Está el campo tan bonito, que (quedarme) .... allí para siempre.

9. (ver) ....a José. Lo quiero tanto que por él (dar) .... la vuelta al mundo en bicicleta.

10. De tener dinero, (ir) .... al casino.

   b)   *El lunes siguiente Emilia cuenta su fin de semana. Ponga en pasado las diez frases.*

En el ejercicio anterior encontramos valores normales del futuro y el condicional, PERO OBSERVE:

Vamos a ver la televisión: ahora mismo *estará* hablando el presidente.

Aquí el futuro no expresa futuro, sino presente. Ha perdido su significado temporal para adquirir otros matices, en este caso el de suposición. El condicional admite el mismo empleo.

COMENTARIO AL EJERCICIO II

   Los futuros y condicionales pueden usarse:
   a)   Para expresar afirmación teñida de duda, **suposición**:
         beberá mucho = *supongo que* bebe mucho.
         habrá bebido mucho = *supongo que ha bebido* mucho.
         bebería mucho = *supongo que* $\left\{ \begin{array}{c} bebía \\ bebió \end{array} \right\}$ mucho.
         habría bebido mucho = *supongo que había bebido* mucho.

   Hablando de cantidades, el valor es más bien de **aproximación**:
   Pesará 50 kilos = *Pesa aproximadamente* 50 kilos.

   b)   Para hacer **preguntas que ni mi interlocutor ni yo sabemos contestar:**
         ¿Quién *llamará* a estas horas? (ni tú ni yo sabemos quién *llama*).
         ¿Quién *llamaría* por teléfono? (no sabemos quién *llamó*)
         (etc. Las correspondencias temporales son las mismas de *a*)

Con frecuencia este tipo de preguntas **se las dirige el hablante a sí mismo.**

c) Para **responder polémicamente**: aceptamos la posibilidad de que nuestro interlocutor tenga razón, pero exponemos un hecho que parece demostrar lo contrario:
— Mi vecino es muy rico.
— *Será* muy rico, pero viste muy mal (quizá *sea* muy rico, como tú dices, pero hay un hecho que parece demostrar lo contrario: viste muy mal).
(Mismas correspondencias temporales que en a) y b), aunque ahora interviene el subjuntivo).

III. *Conteste utilizando futuro o condicional y diga su valor.*

1. ¿Cuál es el mejor alimento para la salud?
2. ¿En qué región española nació el flamenco?
3. ¿Cuánto mide la catedral?
4. ¿Cuánto pesa el profesor?
5. *El último tango en París* es una película muy buena.
6. El tabaco calma los nervios.
7. ¿Cuál es la tercera ciudad de España en número de habitantes?
8. ¿Cuántas llamadas de teléfono hizo usted el mes pasado?
9. El equipo de Holanda juega muy bien.
10. ¿Por dónde entró en España Napoleón?
11. Ha estudiado inglés cinco años.
12. A los diez años ¿cuántas películas había visto usted?
13. El coche ha costado un millón de pesetas.
14. Había tomado mucho coñac aquella noche.
15. ¿Por qué estaba el guardia tan furioso?
(Puede utilizar en su respuesta: *No sé (insultarlo)*)
16. ¿Por qué estaba el coche tan estropeado?
(Puede utilizar en su respuesta: *No sé (tener un accidente)*)
17. ¿Por qué el vecino no pudo entrar en su casa?
(Puede utilizar en su respuesta: *No sé (perder las llaves)*)
18. Ayer, a las diez de la noche, ¿cuántos cigarrillos había fumado usted?
19. ¿Cuántas cartas escribió usted el mes pasado?
20. El precio del petróleo ha bajado.

IV. *¿Qué preguntas se haría usted ante los siguientes hechos?*

1. Oye ruidos sospechosos en el desván.
2. Llega a casa y encuentra el televisor roto.
3. Le han escrito una carta y usted no sabe de quién es.
4. Le han robado las manzanas de su árbol.
5. Es su cumpleaños y espera regalos de su familia.
6. Hubo un partido de fútbol y usted no sabe el resultado.
7. Los niños están sospechosamente en silencio.

V. *Convierta los infinitivos en el tiempo de indicativo correspondiente*

1. Si estuvieras en mi caso, ¿tú lo (hacer) . . . . ?
2. Por mí, (beber) . . . . .vino, pero el médico me lo ha prohibido.
3. ¡Qué casualidad! Ayer soñé que (tú, venir) . . . .
4. Andrés (ser) . . . . un campeón, como tú dices, pero nunca le he visto hacer ningún salto importante.
5. ¿Quién crees tú que perdió la partida?
   — No lo sé; (perder) . . . . Juan, que es el que peor juega.
6. Te juro que no lo sabía. De lo contrario, te lo (decir) . . . . ayer.
7. Si hubieran cruzado la frontera, (estallar) . . . . .la guerra hace un mes.
8. Sabía que, cuando fueran a buscarlo, el ladrón ya (escapar) . . . .
9. Me pregunto quién (escribir) . . . . aquello en la pizarra.
10. — No te molestes en leer el libro: la crítica lo (poner) . . . . verde
    — De acuerdo, no lo (leer) . . . .
11. — Ya te (enterar) . . . . de que Charlot (morir) . . . .
    — No, no lo (saber) . . . .
12. Cuando pidieron el rescate hacía dos días que lo (secuestrar). . . . .
13. No sé quién (poner) . . . . .la radio; (ser) . . . . los niños.
14. Te repito que alguien (andar) . . . . en el desván.

COMENTARIO AL EJERCICIO V

Hay casos en la lengua hablada en que es posible la sustitución del condicional simple (*harías*) por el imperfecto de indicativo (*hacías*), y del compuesto (*habrías hecho*) por el pluscuamperfecto (*habías hecho*). Tales casos no están bien delimitados, pero desde luego la sustitución se evita cuando el condicional tiene los valores vistos en el cuadro anterior.

VI. *Intente la sustitución de que acabamos de hablar en las frases del ejercicio V.*

IV
LOS TIEMPOS DE INDICATIVO 4

RECAPITULACIÓN

EJERCICIOS

I. *En las frases siguientes, cambie* ESTE AÑO *por* EL AÑO PASADO *y los tiempos verbales primitivos por los que correspondan:*

1. Este año cuando sopla el viento hace frío.
2. Este año asegura que ha obtenido la mayoría de votos.
3. Este año en diciembre ya habrá terminado la mili.
4. Este año el eclipse se producirá el día 16.
5. Este año la salud del jefe no es buena.
6. Este año el abrigo me ha costado muy barato.
7. Este año me ha prometido que me hará un buen retrato.
8. Este año comprendo que habrá que trabajar de firme.
9. Este año nos dirán que los precios han subido poco.
10. Este año no sabe exactamente cuánto dinero ha ganado: dice que habrá ganado cerca de 20 millones.
11. Este año suelo levantarme a las nueve.
12. Este año nos ocultan que la situación es grave.
13. Este año pronunciarán el discurso a finales de verano.
14. Este año tiene un huésped muy comilón: sólo en pan gasta 200 pesetas diarias.
15. Este año profetiza que el 1 de septiembre habrá terminado agosto.

II. *Ponga en las líneas de puntos el tiempo de indicativo que corresponda:*

D. Eutiquio llegó a la librería. Aquella noche (dormir) ....
........mal, (levantarse) .... temprano y (estar) ....
de mal humor.

— Buenos días.

5   — Buenos días, ¿Qué desea?.

— Querría[1] un libro, un buen libro de humor.

El librero sacó una novela de Jardiel Poncela. D. Eutiquio (hojear) ....
.... el prólogo: "Permitidme que en el prólogo os hable de mí, de mi vida
y de mis ideas. Hoy todo el mundo (hablar) .... de sí propio: hasta

10   los cocheros de Pompas Fúnebres. Además (confiar) .... mucho
en que este libro (divertiros) .... , y como son incontables las veces
que yo mismo, al concluir de leer un libro que me divirtió, lamenté no conocer
datos biográficos de su autor, y me (preguntar) .... intrigado:
¿cómo (ser) ....? (Estar) .... soltero o casado? ¿Le (gustar) ..

15   ...... la carne asada o frita?, etc., hago lo posible por que no os suceda a
vosotros igual (...).

(Yo, nacer) ....para satisfacción de mis padres, que (desear) ....un varón después de tres hembras consecutivas, (...) la
noche del 15 de octubre de 1901. (Nacer)............. bajo la advocación

20   de Santa Teresa, a pesar de lo cual (escribir) ....con amenidad
aceptable (...).

Mi vida infantil se (desarrollar) .... en un medio esen-
cialmente artístico e intelectual, y en fuerza de convivir con la intelectualidad
y con el arte, (aprender) ....a no concederles importancia (...).

25   (Crecer) ......, lo poco que (crecer) ......, rodeado de libros, revistas,
periódicos, cuadros y esculturas; (ver)........... trabajar las rotativas antes
de ver trabajar los abrelatas: (dominar) .... la Mitología antes que la
Historia Sagrada y tuve nociones de lo que (ser) .... el socialismo
antes de tener nociones de lo que (ser) ....el fútbol (...).

30   A los cuatro años, Luis de Zulueta me (coger) .... en brazos
para enseñarme trozos del Romancero morisco, que él (pronunciar) ....
........con un encantador acento de las Ramblas. (Por lo cual siempre creí
que Mahoma se (decir) .... Mahomá) (...).

Si las mujeres dejasen de leer de pronto, todos los que nos (ganar) ...

35   ....la vida escribiendo (tener) ....que emigrar al Níger. (Yo,
querer) .... decir que el público literario en España (estar) .... casi exclusivamente constituido por mujeres (...).

---

1. Existe en español un condicional llamado *de cortesía* del que el *querría* del texto es un buen ejemplo. Por medio de
él, la formulación de deseos y peticiones resulta más cortés. Si se trata de afirmaciones, el condicional las hace menos
tajantes, y entonces se llama condicional *de modestia:*
Yo *diría* que Adolfo es más guapo.
Deberías trabajar más.

La opinión ajena me (tener) .... completamente sin cuidado;
lo que los demás murmuren de mí no (hacerme) .... ni (hacerme)
40 .... variar jamás de conducta".

"¡Será[2] presumido el tío este!" —se (decir) ....D. Eutiquio
irritado. Y (cerrar) .... el libro.

III. *Ponga el infinitivo del paréntesis en el tiempo de indicativo adecuado:*

Julio Camba nace[3] en 1884 y muere en 1962, y es considerado como uno de
los mejores humoristas españoles. Viajero infatigable, deja reflejadas sus expe-
riencias en varios libros. El fragmento que sigue (adaptado) corresponde a su
libro *Aventuras de una peseta:*
5 "En esto (nosotros, llegar) ....a Ventimiglia. (Ser) ....
....................alrededor de las cinco de la tarde y el tren francés no
(salir).......................hasta las ocho. A las siete y media se (abrir)
..................la Aduana y cuando ya (revisar) ....some-
ramente mi equipaje, un aduanero italiano me (decir) .... que (te-
10 ner) .... que enseñarle la cartera. Yo (llevar)............. dos
carteras, de las que (exhibir).............. una. El aduanero la (coger) .....
.... y (comenzar) ....a sacar de ella una serie de
objetos que a él no (producirle) ....la menor extrañeza, pero que
a mí me (dejar) ...... estupefacto: direcciones que yo no (recordar) ....
15 ....a quién (referirse) ....; tarjetas de señores a quienes seguramente yo no (ver) .... en la vida más que una vez; re-
tratos, pelos de elefante. Por último (tomar) .... entre sus dedos
un fajo de billetes, y, después de contarlo, me (decir) .... que yo no
(poder) .... irme a España con dos mil liras.
20 —Como no (poder) ....irme es sin ellas — (exclamar) ....
.... yo. Dos mil liras (ser) .... unas 500 pesetas.
— Es que nadie (poder) .... salir de Italia con más de 500
liras (...).
Entonces, y como yo sólo (tener) .... billete hasta Niza, se
25 me ocurrió que (poder) .... invertir el exceso de mi dinero en
un billete a Madrid, pero me dijeron que en la taquilla no me lo (vender) ..
.... (Faltar) .... únicamente unos diez minutos para la salida del tren".

2. Con el llamado *futuro de sorpresa* (como el del texto) indicamos asombro ante un hecho, por lo que aparece
acompañado de entonación exclamativa o interrogativa. Otros ejemplos:

¿Te atreverás a decir eso? (el interlocutor ya lo ha dicho)
¿Pero habrá tenido la cara de presentarse allí? (el hablante sabe que efectivamente se ha presentado)

3. *Nace* en el texto es un buen ejemplo del llamado *presente histórico.* Se utiliza como recurso estilístico: el hablante
o escritor que quiere narrar hechos pasados se sitúa mentalmente en el tiempo en que ocurrieron y los cuenta en presente.
No es desconocido en la lengua coloquial y es muy frecuente en la escrita.

IV. *Haga dos frases con cada uno de los tiempos de indicativo estudiados.*

V. *En el siguiente texto, los tiempos en negrita están mal empleados. ¿Puede usted corregirlos?.*

Eran muy aficionados a las excursiones. Aquel día **llegaban** a la falda del pico, plantaron la tienda y se dispusieron a cenar. Mientras la carne se **asó** oyeron un rumor de pasos. Afortunadamente no se **encontraron** en zona de lobos. Al menos ninguno de ellos había oído que allí los hubiera. Al poco rato un
5 pastor pasó junto a ellos y los **saludaba:** respiraron aliviados.

De repente se **apagaba** la luz de la linterna. Al parecer se habían terminado las pilas o, lo que era más probable dada la brusquedad del apagón, la linterna se **estropeó.** Tuvieron que cenar a oscuras, por lo que nadie sabía si lo que había en el plato **había sido** realmente comestible.

10   — Habremos comido más ceniza que otra cosa— dijo uno de ellos

— Quizá, pero lo que no mata engorda.

— Dejar la conversación —medió un tercero—: si mañana a las ocho no nos hemos levantado⁴, renuncio a subir.

— Tú te callas⁵. Cada uno que haga lo que quiera.

VI. *Haga usted lo mismo en el texto que sigue:*

En la época a que nos referimos, los caballeros de la Orden habían ya abandonado⁶ sus históricas fortalezas, pero aún **quedaron** en pie los restos de los anchos torreones de sus muros; aún se **vieron,** como en parte se ven hoy, cubiertos de hiedra y campanillas blancas, los macizos arcos de su claustro (...).
5 La medianoche tocaba a su punto. La luna, que se **ha ido** remontando lentamente, estaba ya en lo más alto del cielo, cuando al entrar en una oscura alameda que **condujo** desde el derruido claustro a la margen del Duero, Manrique **exhalaba** un grito leve, ahogado, mezcla de sorpresa, de temor y de júbilo.

(Gustavo Adolfo Bécquer: *Rayo de Luna*)

---

4. Como veremos más adelante, en las condiciones construidas con *si* no se usa *nunca* el futuro de indicativo *(levantaremos, habremos levantado)*. En su lugar aparece el presente *(levantamos)* o el pretérito perfecto *(hemos levantado)*.

5. A veces, sobre todo en la lengua coloquial, el presente de indicativo sustituye al imperativo. También lo sustituye, en plural, el infinitivo (como ocurre dos líneas antes con *dejar*), pero tal sustitución resulta más vulgar.

6. El autor del texto intercala una palabra *(ya)* entre el verbo auxiliar *haber* y el participio *(abandonado)*. Ello sucede a veces en la lengua escrita, pero no resulta muy normal en el español hablado.

VII. *Coloque una de las siguientes expresiones en cada una de las frases de abajo:*

normalmente	hoy
por favor	el mes que viene
como tú dices	al día siguiente
sobre	probablemente
de tener más estatura	ya
en mi modesta opinión	apenas

1. Tu cuñada .... hace bien la comida.
2. Tu cuñada .... está haciendo bien la comida.
3. .... me compro la moto.
4. ¿..........., podría darme un cuaderno?
5. Será un golfo, ..., pero tiene buen corazón.
6. Me comunicó que .... dejaría el trabajo.
7. No contesta al teléfono. Habrá salido, ...
8. Al acto asistirían .... dos mil personas.
9. Cuando detuvieron al ladrón había gastado .... todo el dinero.
10. .... sería el amo del mundo.
11. ...., deberías dejar de fumar.
12. .... hubo recibido[7] la noticia, salió a la calle

7. *Hubo dicho, hubo recibido*, etc., es un tiempo de indicativo (el llamado generalmente *pretérito anterior*) que no hemos estudiado hasta ahora. La razón es que sólo se usa —y muy poco— en textos escritos. Su significado está muy próximo al del pretérito pluscuamperfecto: éste indica *acción terminada y anterior a otra acción o punto del pasado*; el pretérito anterior indica *acción terminada e INMEDIATAMENTE anterior a otra acción o punto del pasado*. De ordinario es sustituido por el indefinido (*recibió*) o el pluscuamperfecto (*había recibido*). Suele ir acompañado de partículas que expresan inmediatez (*apenas, no bien*, etc.).

3

DIMINUTIVOS, AUMENTATIVOS Y DESPECTIVOS

Señale la diferencia de significado entre las dos palabras de cada pareja, y haga frases con ellas:

1. señor - señorito
2. pobre - pobrecillo
3. historia - historieta
4. rey - reyezuelo
5. cerca - cerquita
6. red - redecilla
7. langosta - langostino
8. cigarro - cigarrillo
9. guerra - guerrilla
10. salchicha - salchichón
11. libro - iibrito
12. palabra - palabrota
13. pueblo - populacho
14. mujer - mujerona
15. bueno - bonito
16. amigo - amiguete
17. pera - perucho
18. soltera - solterona
19. calle - callejón
20. vino - vinacho
21. comida - comistrajo
22. casa - casita
23. rubia - rubita
24. coqueta - coquetuela
25. andando - andandito
26. mesa - mesilla
27. cama - camilla
28. noticia - notición
29. rata - ratón
30. perro - perrín
31. perrín - perrico
32. perrito - perrillo

V
EL SUBJUNTIVO 1

A. Los tiempos del subjuntivo.

Observe las frases siguientes:

1. Está hablando tan alto para que le **oigan** bien
2. Cuando **venga** Pedro me iré con él

★ ★ ★

3. Andrés quería que yo **estuviera** ayer en Portugal
4. Andrés quería que yo **estuviera** ahora en Portugal
5. Andrés quería que yo **estuviera** mañana en Portugal

★ ★ ★

6. No creo que Rosa **haya leído** ya esta novela
7. No creo que mañana **haya leído** ya ese libro

★ ★ ★

8. No creía que **hubieras leído** ya ese libro

En las frases 1-8 utilizamos formas del subjuntivo. Son conocidas como

presente (1 y 2)
pretérito imperfecto (3, 4 y 5)
pretérito perfecto (6 y 7)
pretérito pluscuamperfecto (8)

Las formas del subjuntivo expresan el tiempo cronológico desatendiendo con frecuencia a la denominación. Por ello

---

RECUERDE

→ El presente indica tiempo **futuro** o **presente**

→ **El imperfecto** indica generalmente tiempo **pasado,** pero también puede expresar tiempo presente o futuro.

> El **perfecto** indica generalmente **pasado,** pero a veces también sirve para expresar futuro.

> El **pluscuamperfecto** indica tiempo *pasado.*

★ ★ ★

> Con los **tiempos compuestos** (perfecto y pluscuamperfecto) el hablante se refiere a **acciones** que considera **ya terminadas.**

B.   Equivalencias de indicativo y subjuntivo.

Observe estas transformaciones:

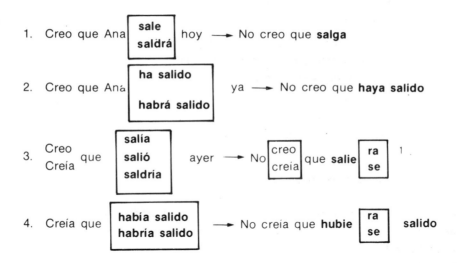

1. Creo que Ana **sale / saldrá** hoy → No creo que **salga**

2. Creo que Ana **ha salido / habrá salido** ya → No creo que **haya salido**

3. Creo / Creía que **salía / salió / saldría** ayer → No creo/creía que **salie ra/se** [1]

4. Creía que **había salido / habría salido** → No creía que **hubie ra/se salido**

Usted ya conoce los valores de las formas del indicativo; no le será difícil ver cómo esos valores se repiten en las que corresponden en el subjuntivo. Así, por ejemplo, a la diferencia que existe en indicativo entre

Creo que **ha venido** esta mañana
y   Creo que **vino** ayer

le corresponde la diferencia, en subjuntivo

No creo que **haya venido** esta mañana/No creo que **viniera** ayer.

---

1   Las formas en *-ra* y en *-se* del imperfecto y el pluscuamperfecto de subjuntivo son generalmente equivalentes. Veremos más adelante cómo esto no es cierto en dos usos muy especiales.

RECUERDE

Estas son las **equivalencias** que existen entre los tiempos del indicativo y del subjuntivo*:

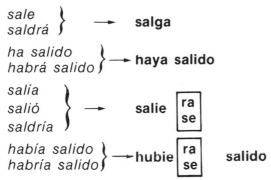

I. *Transforme así (es decir, utilizando formas del subjuntivo) las siguientes frases:*

Creo que esto *es* Madrid → No creo que esto *sea* Madrid

1. Era verdad que había estado mal → No era verdad que ....
2. Era seguro que habría llegado con un buen coche →No era seguro que
3. Opinaba que los niños eran simpáticos →
4. Es verdad que ha venido →
5. Parecía que iba a salir el sol →
6. Decía que había estado en China →
7. Creí que se quedaría aquí →
8. Me había dicho que vendría hoy →
9. Luis creía que le enviaríamos dinero →
10. Era cierto que había estudiado ruso →
11. Pensaba que habríamos esperado →
12. Creo que a las tres y media ya habré comido →

---

* En realidad, existen otras formas del subjuntivo (las del futuro y el futuro perfecto): *hablare, hubiere hablado.* Apenas se utilizan en el habla cotidiana, y su uso se restringe a ciertos casos muy especiales (fórmulas jurídicas, refranes, frases hechas, etc.).

C. Concordancia de tiempos. Reglas prácticas para la subordinación.

Observe estas frases:

1. *Quiero* que *escuches* esto
2. No *necesitaré* que *vengas*
3. No te *he dicho* que *esperes*
4. No *habrá querido* que *vengan*

★ ★ ★

5. No *creo* que *hayas escrito* esto
6. *Lamentaremos* que *hayan venido*
7. Me *ha disgustado* que no nos *hayan visto*
8. Le *habrá apenado* que *hayan vendido* la casa

RECUERDE

Frecuentemente, en la subordinación, el tiempo del verbo principal rige el del verbo subordinado. Cuando éste va en subjuntivo, la secuencia más normal es

VERBO PRINCIPAL	VERBO SUBORDINADO (SUBJ).
presente futuro pretérito perfecto	**presente** **pretérito perfecto**

El verbo subordinado es una **forma simple** (*cante*) cuando expresa **una acción simultánea o posterior** a la que expresa el verbo principal. Es una **forma compuesta** (*haya cantado*) **en caso contrario.**

Observe también estas frases:

1.
Quería *Quise* *Había querido*
que me *escucharan*

2.
Me *gustaría* Me *habría gustado*
que *cantaran*

38

3	Les *parecía* bien Les *pareció* bien Les *había parecido* bien	que os *hubierais ido*

4	Me *gustaría* Me *habría gustado*	que *hubieran llegado*

RECUERDE

De manera similar, y también en la subordinación, es muy frecuente la secuencia.

VERBO PRINCIPAL   VERBO SUBORDINADO (SUBJ).

pasados condicionales	**imperfecto** **pluscuamperfecto**

Como sucedía antes, el verbo subordinado es una **forma simple** *(cantara o cantase)* cuando expresa una **acción simultánea o posterior** a la que expresa el verbo principal. Es una **forma compuesta** *(hubiera o hubiese cantado)* **en caso contrario.**

II. *Sustituya los infinitivos por formas del subjuntivo apropiadas:*

1. Necesitaba una criada que (saber) .... cocinar
2. Le había ordenado que (comérselo) .... todo
3. No sabía que tú (estar) .... aquí
4. Me molesta mucho que (tú, fumar).............
5. Aunque (tú, insistir) .... no voy a salir
6. Me pedirá que (yo, ir) .... a recogerlos
7. Sería conveniente que Ana (estudiar) ....más
8. No me parecía que Carlos (estar) ....enfermo
9. Nos había prohibido que (ir) .... a los toros

10. Me apetecería que (vosotros, venir) .... a verme
11. No creyeron que Inés (tener) .... un yate
12. No creyeron que el vecino (terminar) .... la carrera
13. Me dijo que iría donde (querer) ....
14. No conozco a nadie que (poder huir) .... de esta cárcel
15. Aunque (tú, venir) .... no habrías visto a la reina
16. Esperaré hasta que ella (querer) ....
17. Podría ser que César (llegar) .... ya
18. Espero que todo el mundo (poder ver) .... lo que acaba de suceder
19. Nunca he oído que los rusos (beber) .... demasiado vino
20. No podría empezar sin que todos me (ver) ....
21. No me gustó nada que tú (creer) ...... lo que estaban diciendo de mí
22. Me habría alegrado que ellos (acordarse de) .... mí
23. Sería extraño que (ellas, perderse) ....
24. Tengo miedo de que el jefe (descubrir) .... quién es el ladrón
25. Es increíble que (gustarte) .... tanto los churros
26. Sería mejor que (tú, dejar) .... de beber
27. No creía que tu madre (estar) .... tan delgada
28. Me extrañaría que Luis no (ver) .... esa película. Seguro que la ha visto ya, hombre.
29. Su padre no creía que (él, aprobar) .... el examen
30. Dile a Andrés que (pasar) ....
31. No era el mismo hombre que yo (conocer) .... años atrás[2]
32. No (deber, tú) .... hacer eso

---

2   Las dos formas del imperfecto de subjuntivo (*hablara, hablase*) son generalmente equivalentes. Se diferencian, sin embargo, porque

    a) *hablara* (*hablase* no) tuvo y sigue teniendo (aunque en la actualidad su uso es casi exclusivamente literario) el valor de *había hablado*. Así sucede en (31);

    b) *debiera* (y no *debiese*) puede tener el mismo valor de *debería*. Esto ocurre en (32).

VI
EL SUBJUNTIVO 2

A. El subjuntivo en las estructuras del tipo V_1 + QUE + V_2

Observe estas frases

1. El médico *quería* que me *bebiera* esa purga
   Necesito que *vengas* rápidamente
   Te *ordeno* que no *vuelvas* a ese bar
   Le *prohibiré* que *salga* por las noches
   Te *recomiendo* que *comas* en ese mesón

2. *Siento* que te *hayas disgustado*
   Lamento que *pienses* eso

3. Le *gustó* que *hubiéramos pensado* en ella
   ¿Os *pareció mal* que *llegáramos* tarde?
   Es raro que *haya* tanto humo
   Está muy mal que te *portes* así
   Conviene (=es conveniente) que *oigas* sus palabras

4. *Dudo* mucho que eso *sea* verdad
   Es *posible* que *tengas* razón

RECUERDE

El uso del *subjuntivo* en las estructuras V_1 + **QUE** + V_2 está determinado por el cáracter y la **significación** del verbo principal (V_1). Así pues,
V_2 **es una forma del subjuntivo:**
   1. Cuando el verbo principal expresa **deseo, necesidad, mandato, prohibición, recomendación,** etc., es decir, cuando indica una **intención de influir** en la conducta de otra persona.

---

2. Cuando el verbo principal expresa **sentimientos.**

3. Igualmente, cuando el verbo principal expresa **apreciaciones** o **juicios de valor** más o menos personales.

Desempeñan esta función (y también las otras) ciertas estructuras que, por eso, se construyen con el **verbo subordinado en subjuntivo:***

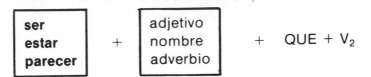

Es necesario que *vengas*

Está bien que *leas*

Es una faena que te *hayan oído*

Parece raro que *estén* aquí

4. Cuando el verbo principal indica **duda, probabilidad** o **posibilidad.**

I. *Sustituya los infinitivos por las formas verbales apropiadas:*

1. No es imposible que hoy (llover) . . . .

2. Nos ha pedido que (venir) . . . . a hablar con él

3. Te ruego que (prestar) . . . . atención

4. Es normal que (nevar) . . . . en enero

5. No es normal que (nevar) . . . . en julio

6. Deja que Luis (explicarse) . . . . , por favor

7. Me gustaba que la gente (ser) . . . . tan simpática

8. Me parece extraño que no me (ellos, llamar) . . . .

9. El sargento le ordenó que (cortarse) . . . . el pelo al cero

10. Es una pena que tú no (darse cuenta) . . . . de lo que te quiere todo el mundo

11. Dudo que Octavio (conseguir) . . . . aprobar

12. Le recomendaré que (ir) . . . . a veros

* Son escasas las excepciones a esta regla; *es verdad, es cierto, es seguro* + *que* están entre ellas:
es verdad que *estaba* en casa
Todas ellas expresan veracidad o certeza.

13. Es seguro que hoy (llover) ....

14. Sí nos creemos que tú (leer) .... *La Celestina*

15. Sabía que nosotros (lavar) .... los platos

16. Me disgusta que Pablo (pensar) .... sólo en tonterías

17. No está bien que (tú, salir) .... con ese vestido

18. No nos permitían que (nosotros, llegar) .... tarde por la noche

19. Te prohíbo que (tú, decir) .... esas cosas

20. Me parece una grosería que (tú, comer) .... aquí

21. Es posible que el casero (visitarnos) .... hoy

22. Me apena que tus primos (discutir) .... continuamente

23. Le extrañó que (ellas, decir) .... tales barbaridades

24. Es lamentable que aún (haber) .... hambre en el mundo

25. Conviene que ustedes (escuchar) .... esto

26. Siento mucho que tu madre no (poder venir) ....

27. Es estupendo que (ellas, estar) .... aquí

28. Me duele que (ellos, hablar) .... mal de mí

29. Le suplico que (usted, recibirme) ....

30. Sabían que (nosotros, esperar) .... en una cafetería

31. No me gusta que (tú, cantar) .... por la calle

32. Estaba seguro de que (tú, comprender) .... lo que me pasa

33. Me apetece que (ellos, venir) ....

34. Es natural que Roberto (pensar) .... así; es un conservador

35. He descubierto que (gustarme) .... la música moderna

36. Estoy seguro de que (ellos, proponerte) .... que (ir) .... a verlos

37. Nos dijeron que (venir) .... temprano

38. Le dije a Laurita que ya (yo, no quererla) ....

39. Es verdad que Juan (estar) .... loco

40. Es probable que el cartero (pasar) .... ya

41. Ha sido una faena que (nosotros, no poder ir) ....

42. Es una idiotez que (tú, esperar) ....

43. Te aconsejo que (tú, no hacer) .... el vándalo

44. Te recomiendo que (tú, sacar) .... ese chucho de aquí

45. Me fastidia que (ellos, poner) .... esos programas en la televisión

Hemos visto cómo la expresión de apreciaciones, opiniones más o menos personales y juicios de valor pide normalmente la utilización del subjuntivo. Observe, sin embargo, estas frases:

Noté que *pasaba* algo

Creía que Alicante *estaba* en Andalucía

Veo que *está* usted enfadado

Compárelas ahora con sus negaciones:

No noté que *pasara* nada

No creía que Alicante *estuviera* en Andalucía

No veo que *esté* usted enfadado

Compare también, por fin, las formas verbales de

He dicho que Andrés *es* tonto

No he dicho que Andrés *sea* tonto

COMENTARIO AL EJERCICIO I

→ Los **verbos de percepción física o intelectual** (*ver, oír, notar, observar, imaginar, suponer, parecer, pensar, creer*, etc.), expresan frecuentemente apreciaciones o juicios de valor.
En su forma afirmativa, sin embargo, exigen indicativo. En su forma negativa exigen *generalmente* el subjuntivo.

→ Los **verbos de lengua** en forma negativa permiten y hacen conveniente muchas veces el uso del subjuntivo.

II.   *Sustituya los infinitivos por las formas verbales apropiadas:*

1. Noto que (nosotros, no ser) ....bienvenidos aquí
2. No noto que (haber) ....nada raro
3. He oído que (vosotros, llegar) ....ya
4. Nunca he oído que aquí (haber) ....pinos
5. Veo que lo que digo no (ser) .... bien recibido
6. No veo que (opinar) ....todos ustedes lo mismo
7. Creo que Luis (estar) ....en un error
8. No creo que (usted, conocer) .... a mi esposa
9. Imagino que todos (estar) ....contentos
10. No imaginaba que (usted, pensar) ....eso
11. Parece que (hacer) ....buen tiempo

12. No parece que (haber) . . . . mucha gente

13. Me parece que (estar) . . . . lloviendo

14. No me parece que (tú, engordar) . . . .

15. Supongo que ya (estar, tú) . . . . listo

16. No suponía que Ana (estar) . . . . aquí

17. Pensábamos que Madrid (ser) . . . . una bonita ciudad

18. Nunca he pensado que las matemáticas (ser) . . . . difíciles

19. Creía que Luis (estar) . . . . abusando de mi generosidad

20. No creo que (llegar) . . . . tu tío

21. Jamás he dicho que Felipe (ser) . . . . tacaño

22. He dicho que Eduardo (ser) . . . . un ingenuo

23. No había afirmado que (tener) . . . . miedo

24. Negaba que sus padres (ser) . . . . millonarios

25. No te aseguro que te (ellos, recibir) . . . . mañana

III. *Complete estas frases:*

1. Es una pena que . . . .

2. Os aconsejo que . . . .

3. Le dijeron que . . . .

4. No me habían dicho que . . . .

5. Es más que probable que . . . .

6. Veo que . . . .

7. Me gustaría mucho que . . . .

8. Está bien que . . . .

9. Me interesa que . . . .

10. Es difícil que . . . .

11. Nos comunicó que . . . .

12. No me importa que . . . .

13. Es importante para mí que . . . .

14. Le molestaba mucho que . . . .

15. Me habría disgustado que . . . .

16. Me ordenará que . . . .

17. Les pediría que . . . .

18. Comentó que . . . .

19. Pensábamos que ....

20. Jamás dijo que ....

21. Me entristeció que ....

22. Había admitido que ....

23. Recuerdo que ....

24. No noté que ....

25. Tenía miedo de que ....

26. Conviene que ....

27. Me parece raro que ....

28. Sería mejor que ....

29. Nos contó que ....

30. No me importa que ....

31. Me acordé de que ....

32. No creo que ....

33. Era verdad que ....

34. Es de temer que ....

35. Te recomiendo que ....

VII
EL SUBJUNTIVO 3

A. El subjuntivo en las frases relativas.

Sin duda, usted recordará cómo en

   Este es el libro que prefiero

decimos que hay un **relativo** *(que)* cuyo **antecedente** es *el libro; que* encabeza una **frase relativa** que incluye un verbo *(que prefiero)*.

Funcionan como **relativos** las palabras *que, cual, quien, cuyo, cuanto, cuando, como, donde* y sus variantes oportunas *(cuales, quienes, cuya, cuyo, el cual, las cuales, lo que,* etc.)

                        ★ ★ ★

Observe ahora estas frases:

   1. Conozco a *un joven que habla* ocho idiomas.
      Dame *el plato que está* allí arriba
   2. Necesito *un joven que hable* ocho idiomas
      Dame *el plato que esté* más arriba.

En las frases de (1) se habla de *un joven* y de *un plato* que el hablante puede o podría identificar. En las frases de (2), por el contrario, el hablante no puede o no quiere identificar ni el plato ni al joven.

RECUERDE

Debe utilizar el **subjuntivo** en las frases relativas cuando el relativo se refiere a **personas o cosas desconocidas o no perfectamente determinadas.**

I. *Sustituya los infinitivos por la forma verbal apropiada:*

1. La película que (nosotros, ver) . . . . no me ha gustado nada.
2. Sírvame un vino que (ser) . . . . bien fuerte.
3. Me gustaría ver una película que (ser) . . . . de acción.
4. Regálale el primer libro que (tú, encontrar) . . . .
5. Quiero casarme con una chica que (cocinar) . . . . muy mal.
6. El abrigo que (comprar) . . . . Angel es muy caro.
7. Es preferible comprarse un abrigo que (ser) . . . . bueno aunque sea caro.
8. Estoy buscando a alguien que (poder) . . . . prestarme algo de dinero.
9. Beba usted lo que (querer) . . . .
10. Los españoles que (conquistar) . . . . América eran valientes y orgullosos.
11. ¡Sí, hombre! Yo vivo como (querer) . . . .
12. ¡Cómo! ¿No tienes más pintura? Bueno, pues pinta la puerta como (poder) . . . .
13. Como donde (querer) . . . .
14. Ven a vernos como (tú, poder) . . . .
15. Hay una tienda donde (ellos, vivir) . . . .
16. Pon este cuadro donde (parecerte) . . . . bien.
17. Cuéntale esas mentiras a quien (tú, querer) . . . ., pero no a mí.
18. ¿Has visto estos puros? Pues fúmate el que más te (gustar) . . . .
19. Ven con quien (tú, desear) . . . .
20. Han ido donde Celia (decir) . . . .
21. Lo que yo (pretender) . . . . es ser millonario.
22. Esperaré donde (placerte) . . . .
23. ¿Conoces al profesor que me (dar) . . . . clase el año pasado?
24. ¿Sabes de alguien que (poder) . . . . ayudarme?
25. ¿Hay algo que ustedes (desear) . . . . ?
26. ¿Conoces a la chica que me (gustar) . . . . ?
27. ¿Hay aquí alguna persona que (hablar) . . . . chino?
28. No tengo testigos que (poder) . . . . confirmar lo que te acabo de decir.
29. Me casaré con cualquiera que me lo (pedir) . . . .

Estudie ahora estas frases:
   1. *No* hay *nadie* que *pueda* ir contigo.
    No dijo *nada* que *tuviera* interés.
    No cantó *ninguna canción* que yo *conociera*.
   2. Dijo *poco* que yo no *hubiera oído* ya

En las tres primeras existe una negación que afecta al antecedente. En la cuarta se incluye *poco* como antecedente.

II. *Sustituya los infinitivos:*

1. No había nadie que (poder) ....ayudarme.
2. No sabemos de ningún diputado que (interesarse) .... por la cultura.
3. No tengo nada que (poder) .... servirte.
4. No hay ningún bar donde (servir) ....eso.
5. Hay pocos hombres que (saber) .... hacer lo que yo sé hacer.
6. No me cae simpático éste que (contar) ....tantos chistes.
7. Había poco que (nosotros, poder) .... ver.
8. Necesito un piso que (ser) ....barato.
9. Vivo en un piso que (ser) .... muy cómodo.
10. No encontré nada que (parecerme) ....bonito.
11. Siempre recordaré la noche en que (yo, llegar) ....a esta ciudad.
12. ¿Hay aquí alguna tienda que (tener) ....productos chinos?
13. Si te invitan a cenar, acaba con lo que te (poner) ....
14. No me gustan los coches que (consumir).................mucha gasolina.
15. ¿Conoces a la chica que (vivir)............. arriba?.
16. Iré de veraneo donde me (apetecer) ....
17. Necesito rápidamente una persona que (hablar).....................ruso.
18. Probablemente hará lo que (darle la gana)....................
19. No tengo ningún libro que tú no (leer) ....
20. Tráeme el primer vaso que (tú, ver) ....
21. Ayer saludé al que (presidir) ....el congreso.
22. La que (estar bebiendo) .... jerez tiene que pagar toda la ronda.

4

Observe las dos últimas frases del ejercicio anterior. En ellas aparecen las combinaciones *el que* y *la que* con el valor de *la persona* (hombre o mujer) *que. Los que* y *las que*, por su parte, también equivalen frecuentemente a *las personas que:*

Ayer saludé a *los que* presiden el congreso.

Los que | están / estén | bebiendo jerez tienen que pagar

Los grupos *el que, la que, los que* y *las que* tienen a menudo un **valor de generalización:**

El que mal anda mal acaba

Los que buscan el peligro en él perecen

Maldito sea *el que* piense mal.

COMENTARIO AL EJERCICIO II

Si usa para generalizar las combinaciones

| el |
| la |
| los |
| las |

que

debe usted emplear el **subjuntivo** en aquellas frases que **únicamente** equivalen a **condiciones:**

El que *esté* libre de culpa tire la primera piedra

Si alguien está libre de culpa...

Debe utilizar el **indicativo** en las frases que equivalen a **temporales:**

El que mal *anda* mal acaba

Cuando alguien anda mal, acaba mal.

En el resto de los casos ha de seguirse la regla general ya conocida.

III. *Sustituya los infinitivos por las formas verbales apropiadas:*

1. Quiero que venga inmediatamente el que (escribir) ....
.... esto en la pizarra.

2. Por favor, ¿puede levantarse el que (llevar) ....
un clavel en el pelo? Sí, sí, me refiero a usted.

3. ¿Ve usted al que (estar atravesando) ....
la calle? Pues es mi primo.

4. El que no (tener)............ amigos no sabe lo que es bueno.

5. La que (tener)...................algo que decir, que lo diga ahora mismo.

6. El que (esperar) ...., desespera

7. El que (querer)............. saber qué es el miedo, que se ponga delante de un toro bravo.

8. Los que (pensar) ....mucho hacen poco.

EJERCICIOS SOBRE RELATIVOS

Utilice convenientemente los relativos QUE, QUIEN, LO QUE, EL CUAL, EL QUE, CUYO, CUANTO, COMO, CUANDO *y* DONDE, *con las preposiciones y variaciones que sean necesarias:*

1. Las flores .... has comprado huelen de maravilla.
2. Ese señor .... pasa por ahí es el alcalde.
3. La jovencita .... hemos visto me conoce
4. La noche.......... llegué a esta ciudad fue terrible.
5. El libro........ te refieres está en el estante central.
6. .... tenga dinero, que venga conmigo.
7. El niño .... has besado está cojito.
8. Te voy a presentar a las chicas .... hablábamos ayer.
9. .... me dices no es posible.
10. Pedro fue .... rompió el cristal de la ventana.
11. El profesor de matemáticas, ... ahora está en Inglaterra, juega muy bien al baloncesto.
12. Octavio estaba hablando de la constitución de este país,............... es muy interesante.
13. El rio hacia .... caminamos no es otro que el Tormes.
14. Han detenido a Mariano, ... no es nada extraño, porque es un sinvergüenza.
15. En aquel país, el cólera era un peligro .... había que protegerse.
16. No sabía .... Juan quería de mí.
17. Era una ciudad tranquila .... calles se llenaban al atardecer.
18. En un lugar de la Mancha, de .... nombre no quiero acordarme, vivía un hidalgo.
19. Conozco a un millonario con .... hija me casaría de buena gana.
20. Tenía un perro .... color era extrañísimo.
21. Mandó construir una catedral en .... debería ser enterrado cuando muriese.
22. Reúne a........ personas veas en la plaza
23. No creo nada de todo .... me has dicho.
24. Si no puedes devolverme todo el dinero que te he prestado, dame .... tengas en el bolsillo, que lo necesito.

25. Juan convence a todos . . . . le escuchan.

26. En la librería . . . . trabajas hay de todo.

27. A Rodrigo puedes encontrarlo allí . . . . vendan vino

28. Tenía una casa . . . . íbamos en verano.

29. No tengo lugar . . . . ir.

30. El país . . . . vienes es muy agradable

31. Fue Ernesto . . . . abrió la puerta, no yo.

32. Fue en París . . . . estuvimos, y no en Londres.

33. Fue con un bolígrafo . . . . escribí el artículo.

34. Fue esquiando . . . . me partí la pierna.

35. Fue el año pasado . . . . mi padre murió.

VIII
EL SUBJUNTIVO 4

A. El modo verbal de las frases finales, causales y consecutivas.

Observe estas frases:
1. Te compré un coche *para que* lo *usaras,* y no *para que* lo *dejaras* en la calle.
2. Como *porque quiero*
3. Pienso, *luego existo*

RECUERDE

→ En las frases **finales** se emplea el **subjuntivo**[*]

→ En las frases **causales** se utiliza el **indicativo**

→ En las frases que expresan **consecuencia** se usa el **indicativo**

I. *Sustituya los infinitivos por formas verbales del indicativo o del subjuntivo:*

1. Me prestó el libro para que (yo, consultarlo) ....
2. Quiero dormir porque (estar) .... cansado
3. Han descolgado el teléfono, luego (estar) .... en casa
4. Bueno, ya has hablado bastante, conque (tú, poder) .... irte
5. Voy a que el médico me (hacer) .... un reconocimiento
6. Ven, porque (yo, querer) .... invitarte a comer
7. Vete a verle a fin de que (él, hacer) .... algo por nosotros

---

[*] Nos interesa en estas unidades la comparación de los usos con indicativo y subjuntivo. Para las utilizaciones del infinitivo en las frases finales, temporales, etc., véase la unidad XXIV.

8. Te dijo esto para que (tú, saberlo) ....

9. Vengo con objeto de que ustedes me (conocer) ....

10. Como Luis (estar) .... enfermo, se quedó en la cama

11. Ha llegado el cura, así que todo se (solucionar) ....

12. Se fue a Australia porque (querer) .... conocer mundo

13. Bebe demasiado y, por consiguiente, (trabajar) .... bastante poco

14. Ya que tú (callar) .... , hablaré yo

15. Juan tiene dinero, así que (invitarme) .... a cenar

16. Voy a cantar un poco para que todos (ver) .... que Julio Iglesias, a mi lado, no tiene nada que hacer

17. Leo dos o tres periódicos todos los días; por tanto, (yo, estar) .... bien informado

18. Puesto que tú también lo (decir) .... tendré que creerlo

19. Me insultó, de modo que no le (volver) .... a hablar

B. Subjuntivo e indicativo en las frases temporales.

Observe:

Saldré cuando *quiera*
Salí cuando *quise*
Le reconoceré tan pronto como le *vea*
Le reconocí tan pronto como le *ví*
Me gusta beber vino cuando *como*
Cantaba mientras *esperaba*

RECUERDE

Las frases temporales pueden llevar indicativo o subjuntivo. Utilizamos el **subjuntivo** cuando nos referimos a acciones no experimentadas o hipotéticas, generalmente futuras.

II. *Sustituya los infinitivos por formas del indicativo o del subjuntivo, según convenga:*

1. Cuando los niños (pasear) .... oyeron la noticia

2. Cuando (venir) .... Carlos nos hablará del asunto

3. Desde que (ellos, ser) .... ricos nos miran por encima del hombro

4. Llámame tan pronto como (tú, terminar) ....

5. Esperó hasta que (nosotros, llegar) ....

6. Espera hasta que (nosotros, llegar) ....

7. Confesará en cuanto nos (ver) ....

8. Por favor, ven cuando (yo, llamarte) ....

9. Apenas (salir) .... el jefe, habla con él

10. Vuelva después de que (nosotros, discutir) .... su ofrecimiento

11. Acabaré la novela antes de que vosotros (comprar) .... otra

Examine la última frase del ejercicio anterior. Hemos utilizado en ella una forma del subjuntivo siguiendo la regla general.

Pero sucede que con *antes (de) que* esa regla general se extiende también a las referencias al pasado:

Me vieron *antes de que* yo *hiciera* nada

Sucede esto porque *antes de que* siempre introduce una acción no experimentada en el momento que indica el verbo principal

---

COMENTARIO AL EJERCICIO II

Antes (de) que se utiliza con subjuntivo

III. *Sustituya los infinitivos por formas del indicativo o subjuntivo, según convenga:*

1. No trabajaré más hasta que (ellos, pagarme) ....

2. Mientras (durar) .... la sequía la gente pasó hambre

3. Salió antes de que yo (darme cuenta) ....

4. Fui a Galicia cuando (yo, tener) .... ocho años

5. Antes de que (tú, enfadarte) .... quiero disculparme

6. Antes de que (tú, enfadarte) .... quise disculparme

C. Subjuntivo e indicativo en las frases concesivas.

Estudie estas frases:

1. Aunque *esté* lloviendo, saldré
   Aunque *está* lloviendo, saldré
2. Aunque mañana *llueva*, saldré
3. Aunque ahora *estuviera* lloviendo, saldría

4. Aunque mañana *lloviera*, saldría
5. Aunque ayer *lloviera*, salí
   Aunque ayer *llovió*, salí
6. Aunque esta mañana *haya llovido*, he salido
   Aunque esta mañana *ha llovido*, he salido
7. Aunque ayer *hubiera llovido*, habría salido

Compruebe cómo

1. Empleamos el subjuntivo en estas frases concesivas:
   a) Para indicar que *no sabemos* si llueve (1), lloverá (2), etc.
   b) Para indicar que *creemos difícil* que llueva en un futuro (4): usamos entonces el imperfecto *lloviera*.
   c) Para indicar que algo (*llover*) no sucedió en el pasado. Utilizamos entonces el pluscuamperfecto (*hubiera llovido*), como en (7).
   d) Para indicar que algo (*llover*) no está sucediendo. Usamos entonces el imperfecto (*lloviera*), como en (3).
   e) Para indicar que está lloviendo (1), ha llovido (6) o llovió (5), si, a la vez, presuponemos que el oyente lo sabe. Usamos entonces las formas de subjuntivo que aparecen en las frases citadas.
2. Usamos el indicativo para hablar de que está lloviendo (1), ha llovido (6) o llovió (5) cuando pensamos que nuestro oyente no lo sabe.

RECUERDE

Se utiliza el indicativo en las frases concesivas cuando **el hablante conoce** la acción expresada por el verbo **y presupone que su oyente la desconoce.**

Se utiliza el subjuntivo:
   a) Cuando **el hablante desconoce** la acción expresada por el verbo **o presupone** que su oyente la **conoce** (o no considera necesario informarle).
   b) Para indicar que la acción expresada por el verbo **no se cumplió** (pluscuamperfecto), **no se está cumpliendo** (imperfecto) o es **difícil, en opinión del hablante, que se cumpla** en el futuro (imperfecto).

IV.

1. Ayer hizo buen tiempo. Su oyente lo sabe. Usted no fue al campo, sin embargo. Haga una frase con *aunque.*
2. La misma situación. Pero usted está hablando con el profesor, que ayer estaba en Pekín y no sabe que hizo buen tiempo. Haga una frase con *aunque* para hablar con el profesor.

3. Ayer hizo buen tiempo. El profesor no lo sabe. Usted salió al campo. Usted quiere decirle al profesor que no le habría importado que hubiera hecho *mal* tiempo: de todas formas habría ido al campo. Utilice *aunque* en su frase.

4. Esta mañana, a las ocho, nevaba. Usted lo sabe pero su oyente no. Usted ha ido, también esta mañana, a pasear. Haga una frase con *aunque*.

5. La misma situación que en (4). Usted cree que el profesor también sabe que ha nevado por la mañana. Haga una frase con *aunque* para hablar con el profesor.

6. Ahora está nevando. Usted habla por teléfono con un amigo, que no lo sabe. Usted le informa de que va a salir a pasear. Utilice una frase con *aunque*.

7. Usted y el profesor están mirando por la ventana y ven cómo está nevando. Usted informa al profesor de que va a salir a pasear. Use una frase con *aunque*.

8. Es verano. Hace buen tiempo. Usted tiene muchas ganas de bañarse en una piscina. Tantas, que no le importaría que *estuviera nevando:* de todas formas iría a la piscina. Dígaselo al profesor utilizando *aunque*.

9. Es invierno. Es posible, incluso probable, que mañana haga mucho frío. De todas formas, usted va a ir mañana al campo. Dígaselo al profesor usando *aunque*.

10. Mes de junio. A usted le parece verdaderamente improbable que mañana haga mucho frío. De todas formas, usted iría al campo. Dígaselo al profesor usando *aunque*.

V. *Sustituya los infinitivos por la forma verbal apropiada:*

1. Aguántate aunque (tú, tener) . . . . hambre

2. Aunque (él, tener) . . . . hambre, se aguantó

3. Aunque (llover) . . . . a cántaros, la gente llenaba las calles

4. Aunque (tener) . . . . el corazón en el lado derecho, la niña vivía normalmente

5. Mira, Pedro no vino ayer, pero aunque (venir) . . . . yo no le habría visto; es un idiota

6. El hombre no llegará el año próximo a Venus, pero, aunque (llegar) . . . . no habría hecho más que empezar

7. No te canses; aunque me lo (decir) . . . . no me lo creo

8. Espérame aunque (tú, tener) . . . . prisa, por favor

9. Aunque no (tener) . . . . un duro, pienso ir de vacaciones a Marbella

10. Aunque le (gustar) . . . . la música moderna, no soportaba a Julio Iglesias

11. Por más que (yo, investigar) . . . . no he podido encontrar la solución del problema

12. Tengo un hambre terrible, y eso que (yo, desayunar) . . . . bien esta mañana

13. A pesar de que Isidro (creer) . . . . en las brujas, nunca hablaba de ello

14. Por muy bueno que (ser) . . . . ese vino, no beberé más. Ya me duele la cabeza

Observe la frase 12. En ella, **y eso que** equivale a *aunque*; pero aquella construcción se usa normalmente cuando el hablante pretende *informar* al oyente sobre algo que cree desconocido para este último. Por eso se construye con indicativo.

A pesar de que (frase 13) también equivale a *aunque*, e introduce un verbo en indicativo o subjuntivo siguiendo las mismas reglas. Sin embargo, su empleo es más frecuente en aquellas situaciones que obligan a utilizar indicativo.

Vea usted, por fin, cómo con la estructura **por + (muy) + adjetivo + que + verbo copulativo (subjuntivo)** también se obtienen estructuras concesivas (frase 14: *por muy bueno que sea = aunque sea muy bueno*). Lo mismo sucede cuando usamos un adverbio o un adjetivo con otro tipo de verbos, si bien en estos casos este verbo puede ir en indicativo o subjuntivo (siguiendo las reglas dadas para *aunque*).

COMENTARIO AL EJERCICIO V

→ **Y eso que,** cuando equivale a *aunque*, se construye normalmente con **indicativo.**

→ **A pesar de que** se usa en estructuras concesivas siguiendo las reglas dadas para *aunque*.

→ La estructura concesiva

por + (muy) + adjetivo + que + ser, estar, parecer, resultar ⋮

necesita normalmente **subjuntivo.**

→ La estructura concesiva

por + { adverbio / adjetivo } · que + **verbo**

sigue, para el uso de indicativo o subjuntivo, las reglas dadas para *aunque*

VI. *Sustituya los infinitivos por la forma verbal adecuada.*

1. A pesar de que (él, decir) . . . . más de una tontería, es un muchacho inteligente.

2. Jamás nos hizo un regalo, y eso que (nadar) . . . . en oro.

3. Voy a decirte unas cuantas cosas, por muy duras que (resultar) . . . .

4. Por bien que lo (yo, hacer) . . . . no consigo estar satisfecho.

5. Por bien que lo (tú, hacer) . . . . no conseguirás estar satisfecho.

6. Por fáciles que (yo, poner) . . . . los exámenes, siempre tengo que suspender a algún alumno.

7. Por fáciles que (yo, poner) . . . . los exámenes, tendré que suspender a algún alumno.

EJERCICIOS SOBRE DEMOSTRATIVOS, POSESIVOS E INTERROGATIVOS

I. *Diga si hay algún error en las siguientes frases y corríjalo:*

1. Mi amigo, no digas tales cosas en la mi casa
2. He roto mi pantalón al saltar la tapia
3. Los dos perros movían sus rabos alegremente
4. Su hermano de usted es un estúpido, caballero
5. Habían venido gitanos y payos; ésos con sus vistosos trajes; éstos con sus caras de fiesta
6. Pedro no tenía bicicleta, y yo le dejé una mía vieja
7. Dame este libro que tienes a tu lado de usted
8. Este libro es tuyo, y aquel uno mío
9. Tienes un disco mío y yo uno tuyo.

II. *Ponga interrogativos en los puntos suspensivos, de tal manera que resulten frases correctas:*

1. ¿ . . . . me está esperando?
2. Me pregunto . . . . pasará aquí
3. Dime . . . . de los niños es tu hijo
4. ¿ . . . . será la solución del problema?
5. Ojalá supiera decirnos . . . . . . está la cartera
6. ¿ . . . . piensas tú de lo que está sucediendo?
7. ¿ . . . . es la culpa?
8. ¿ . . . . . . tal es su suegra?
9. ¿ . . . . . . es usted? Yo soy de Madrid
10. Dime . . . . . . es el problema que tienes
11. Sé que Pepe tiene uno de mis trajes, pero no sé . . . . .
12. Pregúntale . . . . de sus alumnos son los mejores
13. ¿ . . . . le has regalado tu coche?
14. ¿ . . . . estás esperando?
15. ¿ . . . . has entrado?
16. ¿ . . . . vas a estas horas?
17. ¿ . . . . estaba hablando Lolita?

18. ¿ . . . . manzanas quieres que compre?

19. ¿ . . . . has visto a tu sirvienta por última vez?

20. ¿ . . . . asaltó usted el banco?

21. ¿ . . . . fue el terremoto de Guatemala?

22. ¿ . . . . es esta cartera?

23. ¿ . . . . terminaremos la faena?

24. ¿ . . . . quieren tomarse unos vinos?

IX
EL SUBJUNTIVO 5

EJERCICIOS

I. *Sustituya los infinitivos por las formas verbales apropiadas:*

1. No vengas hasta que yo te lo (decir) ....
2. Habla más alto, que (yo, no oírte) ....
3. Llegué cuando todo el mundo (salir) ....
4. En cuanto le (yo, ver) ....le voy a decir dos cositas
5. No quiero que tus padres me (ver) .... , porque hoy (yo, estar) .... muy fea
6. Perdieron el partido, y eso que (ellos, jugar) .... en su propio campo
7. Lo repetiré para que todos (entenderme) ....
8. Lo repetí, de modo que todos me (entender) ....
9. Por antipática que (ella, ser) ...., la aprecio mucho
10. Nos invitó a cenar a fin de que (nosotros, hacerle) ....un favor
11. No creo que (llegar) .... tus amigos, porque la puerta (estar) ..... cerrada
12. En cuanto Juan me (reconocer)............... me saludó cariñosamente
13. Cuando (tú, salir) .... cierra la puerta
14. Escuche hasta que (yo, terminar) ....de hablar
15. Me recibió aunque (él, sentirse) ....enfermo
16. Cómo, ¿no has traído el televisor? Bueno, no te preocupes. Aunque lo (traer) .... no podríamos haber visto el partido. Tenemos que irnos
17. Por dulces que (estar) ....no voy a probar esas naranjas
18. Avisadme en cuanto (llegar) .... el profesor
19. No llegarías aunque (tú, salir)..............ahora mismo
20. Llenaré el depósito del coche antes de que (acabarse) .... la gasolina

21. A pesar de que (yo, estar) .... muy ocupado, iré a verle

22. Cristóbal Colón desembarcó poco antes de que se le (terminar) .... los alimentos

23. Cogieron al ladrón cuando (estar robando) .... las joyas

Habrá visto usted cómo en la frase 2 la conjunción *que* tiene un claro valor **causal**:

Habla más alto, *que* no te *oigo*

Habla más alto, *porque* no te *oigo*

COMENTARIO AL EJERCICIO I

→ La conjunción **que** puede tener un **valor causal.** De acuerdo con la regla general, en este caso exige **indicativo.**

→ Otras veces, **que** funciona como conjunción **final.** Como parece lógico, en este caso usaremos el **subjuntivo:**

Habla alto, **que** te *oigamos* todos

Habla alto *para que* te *oigamos* todos

II. *Complete estas frases:*

1. Ven antes de que ....

2. Los libros se publican para que ....

3. Escribiré cuando ....

4. Fui al médico porque ....

5. Estoy aquí, así que ....

6. La catedral está preciosa cuando ....

7. Ya conocía a Claudia cuando ....

8. Le diré que venga en cuanto ....

9. No conseguirás aprobar aunque ....

10. Se emborracha en cuanto...................

11. No habría acabado aunque ....

12. Te pido consejo para que..................

13. No me interrumpan aunque ....

14. No saldré hasta que ....

A. El subjuntivo en frases de un solo verbo

Observe estas transformaciones:

escucha ⟶ no *escuches*

cantad ⟶ no *cantéis*

RECUERDE

Debe utilizar el **presente de subjuntivo** en las fórmulas **imperativas negativas.**

III. *Transforme en negativas estas frases:*

1. Venid conmigo
2. Sé antipático, por favor
3. Escuchad lo que os dicen
4. Di tonterías
5. Espérame esta noche, querida

Examine estas frases:

No *hable* tan alto

Hable usted más alto

Espere un momento

No me *esperen* ustedes

RECUERDE

Se utiliza el **presente de subjuntivo** en las fórmulas **imperativas** (afirmativas o negativas) **con usted y ustedes.**

IV. *Sustituya los infinitivos por las formas verbales apropiadas:*

1. (Pasar) .... ustedes, por favor
2. (Decir) .... usted, caballero
3. (Escucharme) .... ustedes, señoras

V. *Imagine que usted es un policía municipal. Prohiba hacer cosas a sus compañeros de clase, que ahora son personas que van por la calle:*

cantar flamenco
leer novelas rosas
jugar al fútbol en la calle
fumar dos cigarros a la vez
hablar de política internacional

.

.

.

Utilice TÚ, VOSOTROS, USTED Y USTEDES

Observe estas frases:

Aléjese del calor (*en un pulverizador*)
Manténgase en un lugar frío (*en un rollo de película*)

RECUERDE

Utilizamos el **presente de subjuntivo** para expresar **órdenes** o **consejos** utilizando el **se** *de agente indeterminado.*

VI. *Sustituya los infinitivos:*

1. (Agitarse) . . . . antes de usarlo (*en un frasco de jarabe*)
2. (Hervirse) . . . . al vapor (*en un paquete de espinacas congeladas*)

Examine ahora estas frases:

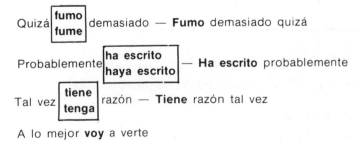

Quizá | **fumo** / **fume** | demasiado — **Fumo** demasiado quizá

Probablemente | **ha escrito** / **haya escrito** | — **Ha escrito** probablemente

Tal vez | **tiene** / **tenga** | razón — **Tiene** razón tal vez

A lo mejor **voy** a verte

VII. *Sustituya los infinitivos:*

1. Quizá (él, venir) ....
2. (Él, venir) .... quizá
3. Posiblemente (ser) ....verdad
4. (Ser) .... verdad posiblemente
5. Probablemente Luis (estar).................. en casa
6. Luis (estar) .... en casa probablemente
7. Tal vez (yo, escribirle) ....
8. (Yo, escribirle)............. tal vez
9. A lo mejor (yo, ir) .... al cine
10. A lo mejor Ana (venir) .... ya

Como usted sabe, **ojalá** exige subjuntivo. Vea estas frases:

1. Ojalá *esté* Ana en casa (ahora)
   Ojalá *estuviera* Ana en casa (ahora). Pero *no está*
2. Ojalá *venga* mañana
   Ojalá *viniera* mañana. Pero *no vendrá* (seguramente)
3. Ojalá *haya venido* esta mañana
   Ojalá *viniera* ayer

   Ojalá *hubiera venido* | ayer / esta mañana | Pero *no* | vino / ha venido

RECUERDE

Si utiliza *ojalá*

→ Debe emplear un verbo en **subjuntivo.**

→ Si usted cree que sus deseos **pueden realizarse,** debe usar el **presente** para indicar **presente o futuro,** y el **perfecto** o **imperfecto** para indicar **pasado.**

→ Si usted sabe que sus deseos **no se han realizado** debe usar el **plus-cuamperfecto;** si cree que es **muy difícil o imposible** que se realicen en el **presente** o en el **futuro,** utilice el **imperfecto.**

VIII. *Sustituya los infinitivos por las formas apropiadas:*

1. Ojalá (yo, tener) ....tiempo para ir a verte
2. Ojalá (yo, poder ir) ....contigo. Pero ya sabes que no puedo
3. Ojalá (ellos, ver) .... que no llevan gasolina en el depósito
4. Ojalá (ella, estar) ....conmigo
5. Ojalá nos (ellos, invitar)................ a comer

X
EL SUBJUNTIVO 6

RECAPITULACIÓN

JERCICIOS

I. *Sustituya los infinitivos que van entre paréntesis por formas del subjuntivo:*

1. Le han ordenado que (él, presentarse) .... hoy.
2. Cuando (venir) .... Álvaro, dígale que (pasar) ....
3. Ruégale a Ana que (atender) ....⟩.... mis razones.
4. Espérame hasta que (llegar) ...., por favor.
5. Quiero que (tú, estar) .... bien aquí.
6. Es mejor que (tú, conocer a ella) ....
7. ¿Conoces a alguien que (hablar) .... holandés?
8. Ojalá no (pasar) .... aún el autobús.
9. No saldré hasta que (yo, desayunar) ....
10. No creo que (tú, leer) .... este libro.
11. Espero que mis padres (ver) .... la nota que les dejé en casa.
12. ¿Sabes de alguien que (vivir) ....en Japón más de cinco años?
13. Jamás permitía que le (interrumpir) ....cuando hablaba
14. Nos gustaría que (tú, comer) .... más.
15. Sería mejor que Luis (llevarse) .... pronto sus maletas.
16. Les había pedido que (traerme) .... una botella de vino.
17. Ojalá (vivir) .... ahora tu padre; otro gallo cantaría
18. No podría matar una mosca ni aunque (querer) ....
19. Me gustaría que (tú, acompañarme) ....
20. No había nada que (divertirme) .... en aquella temporada.
21. Sería necesario que Carlos (consultar) .... este libro.

22. Aunque yo (tener) .... dinero, no iría a bailar

23. Aunque yo (tener) .... dinero, no habría ido a bailar

24. Verdaderamente, esperaba que tus problemas (solucionarse) .... ya.

25. Quedamos en que iríamos cuando ellos (cenar) ....

26. Nadie creía que César (atravesar) .... el Sahara en bicicleta.

II. *Hemos subrayado los errores que existen en el párrafo siguiente. Explique por qué son errores:*

Todos esperaban[1] que el tren de Madrid *llegará* pronto. El correo que *estuviera* en el segundo andén tenía que haber salido ya, pero al jefe de estación no le *importara* que *tendría* o no *tendría* retraso. Además, no había nadie que *sentiría* prisa por subir a los incómodos departamentos. ¡Pobres de los que *tienen* que viajar en aquel día de sol infernal!. Algunos buscaban cualquier líquido que no *estaba* hirviendo para refrescarse un poco.

III. *Sustituya los infinitivos por las formas verbales apropiadas:*

1. No quería que Adela (venir) .... todas las tardes

2. Posiblemente mi padre ya (estar) .... en casa

3. Espero que Luisa (comprender) ....lo que (yo, decirle) .... ayer.

4. Espero que Luisa (comprender) .... lo que (yo, decirle) .... cuando (yo, verla) ....

5. Nos pidió que (nosotros, devolverle) .... el dinero.

6. (Venir) .... quien (venir) .... no saldré esta noche[2].

7. (Decir, tú) .... lo que (decir, tú) .... Salamanca es más bonita que Toledo.

8. Es posible que (yo, fumar) .... demasiado.

9. Aunque (yo, ser) .... español nunca he probado el vino de Jerez.

10. Nunca he dicho que Octavio (ser) .... un inútil.

11. No dijeron que Cádiz (ser) .... más moderna que Salamanca, sino que (tener) .... más habitantes.

1. Con *esperar* suele usarse el subjuntivo.
2. Estas formas reduplicativas, muy frecuentes en español, se construyen siempre con subjuntivo.

12. No me permiten que (ir) .... a verte.

13. Me han prohibido que (leer) .... estas novelas.

14. Os pido que (llegar) .... pronto a clase.

15. Le dije a Ana que (venir) .... a vernos.

16. No quiero que nadie (molestarme) .... hoy.

17. Me insultó de manera que no (volver, yo) .... a hablarle[3].

18. Le trataré de modo que (él, ver) .... quién es aquí el jefe.

19. Debes seguir estudiando mientras (tú, necesitarlo) ....[4].

20. (Ser) .... como (ser) .... me tomaré unas vacaciones.

21. El temor de que le (suspender) .... hizo que no (presentarse) ......
.................al examen[5].

22. Es posible que (llover) .... hoy.

23. Te compré este vestido para que tú (ponértelo) ....

24. Aunque tú no lo (creer) ...., acabo de ver un platillo volador.

25. No estoy seguro de que todo el mundo (saber) .... leer.

26. Era mejor que (él, conocer) .... su situación.

27. (Pasar) .... lo que (pasar) .... , que no se mueva nadie.

28. Déjalo; (hacer, tú) .... lo que (hacer, tú) .... no vas a convencerle.

29. No creyeron que su hijo (haber aprobado) .... el examen[6].

30. Como (ellos, tardar) .... un poco más no van a poder comer nada[7].

31. Como Angel (tener) .... dolor de cabeza no soportaba los ruidos[8].

32. Que (dormir, tú) .... bien[9].

33. Tengo miedo de que (entrar) .... los ladrones en casa.

34. Parece que Julia (estar) .... en casa.

35. No parece que Julia (estar) .... en casa.

36. No parece que mis padres (llegar) .... todavía.

---

3. *No volver a hablarle*, en esta frase, no es una sencilla consecuencia del insulto, sino de *cómo* me insultó. Recuerde que decíamos que las frases que expresan consecuencia se construyen con indicativo. Pues bien, las que expresan *consecuencia del modo* en que se hace algo pueden construirse con subjuntivo.
   Observe que tanto la frase 17 como la 18 tienen también un claro valor de *finalidad,* y las finales con *que* necesitan subjuntivo.

4. Si se desea conseguir un *valor condicional* futuro con *mientras* ha de usarse el subjuntivo. Para expresar un *valor temporal* (también con *mientras*) puede utilizarse el subjuntivo.

5. *Hacer que,* con el sentido de 'obligar a' o 'forzar a' exige subjuntivo.

6. Con *no creer* es posible, en algunos casos, utilizar indicativo o subjuntivo. El uso del indicativo es normal cuando el que habla piensa que lo que se dice es verdad.

7. Como verá más adelante, *como* puede introducir frases condicionales. En ese caso se construye con subjuntivo.

8. *Como* puede tener también un valor causal. Entonces, lógicamente, se utiliza con indicativo.

9. Son muy frecuentes las expresiones de *deseo o mandato* en las que no existe un verbo que explícitamente exprese esas ideas. Esto ocurre, por ejemplo, en la frase 32 que, como es natural, se construye con subjuntivo.

37. ¿Te parece[10] que (nosotros, empezar) .... a cenar?.

38. No creía que (ella, ser) .... tan inteligente.

39. Aunque (estar) .... granizando irás al colegio.

40. No creo que (venir) .... Luis.

41. No espero que Amelia (poder) .... comprenderme.

42. No me dijeron que (tú, estar) .... aquí.

43. Como no nos (abrir) .... la puerta dejamos una nota.

44. Como (tú, no abrir) .... la puerta la abriré yo a hachazos.

45. Supongo que (yo, ir) .... a verte mañana.

46. En Holanda no hace frío porque (haber) .... muchas vacas[11]

47. Estudiaba inglés no porque (ella, necesitarlo) ...., sino porque (gustarle) ....

48. ¿Y vas a creer eso porque Pepe lo (decir) .... ?

49. Que usted lo (pasar).................. bien.

50. Ojalá (tú, venir).................. conmigo.

51. Que (tú, dormir) .... bien.

52. Comprendo que (tú, estar) .... enfadado conmigo[12]

53. Mi tío hizo que (yo, pedirle) .... perdón.

54. Que (usted, tener) .... un buen viaje.

55. ¿Vas a una discoteca? Bueno, pues que (divertirte) ....

56. ¡Quién (estar)............... en tu lugar![13]

57. ¡Quién (ser) .... tú!.

58. Hasta mañana; que (tú, descansar)............

59. ¿Ya está ahí el señor Zavala? Pues que (entrar)...........

60. En esa casa no se puede cantar sin que los vecinos te (oír) .... [14]

61. Robaron un banco sin que la policía (enterarse) ....

62. El hecho de que (tú, venir) ....me molestó[15].

63. El hecho de que los seres humanos (ser) .... ante todo animales tiene sus consecuencias.

10. En frases interrogativas, *parecer* puede tener el sentido de 'querer' o 'apetecer', y entonces se construye con subjuntivo.

11. Recordará usted cómo dijimos en una unidad anterior que las frases causales se construyen con indicativo. Sin embargo, cuando se niega o pone en duda la validez de la causa se usa el subjuntivo.

12. *Comprender*, con el sentido de 'aceptar' o 'admitir', debe construirse con subjuntivo.

13. En este tipo de construcciones (encabezadas por *quién*) se utiliza el imperfecto o pluscuamperfecto de subjuntivo. Su sentido es similar al que, con las mismas formas verbales, tienen las frases con *ojalá*.

14. *Sin que* se construye con subjuntivo.

15. *El hecho de que* exige generalmente subjuntivo.

EJERCICIOS SOBRE «TODO», «CADA», «CUALQUIERA», «ALGO», «POCO», «NADA», «ALGUIEN», «ALGUNO», «UNO», «NINGUNO», «NADIE».

I. *Emplee en los puntos suspensivos* TODO, CADA, CUALQUIERA, *según convenga:*

1. Estuve............el día leyendo.
2. .... los hombres le ayudaron.
3. Vamos a comer a Zamora .... los martes.
4. ....persona podría escalar esa montaña.
5. ....hombre necesita un hogar.
6. Iban a.................. velocidad.
7. Que vengan conmigo .... los que quieran.
8. Era un hombre ....
9. Los mosquitos entraban por ....partes.
10. Creo que estamos .... de acuerdo.
11. .... pensaría lo mismo.
12. Esto es................. lo que quiero.
13. .... persona es un mundo.
14. ....vez piensas menos en mí.
15. Era.............una mujer.
16. No ha llovido en.................. el año.
17. Quiero que ....una coja su maleta.
18. Iré .... día de estos a verte.
19. .... libro cuesta cien pesetas.
20. .... niño llevaba su bocadillo.
21. .... cosa que diga será una tontería.
22. Hay una botella de coñac para .... cinco.
23. Tú no eres una persona .... ; eres un genio.

II. *Emplee en los puntos suspensivos* ALGO, POCO, ALGUIEN, ALGUNO, UNO, NADA, NIN-
GUNO, NADIE, *según convenga:*

1. Es imposible obtener ....de él.
2. Le dije al ladrón que no tenía ....
3. Enséñame ....de tus cuadros.
4. ¿Quieres un .... de vino?
5. No me extraña que no te haya visto. Es .... distraído.
6. Estas son.......... de las cosas que tenía que decirte.
7. Creía que te había prestado varios libros, pero ya veo que no tienes ....
8. No espero de él disculpa ...., porque es un grosero.
9. En parte.......... he visto tales maravillas.
10. —¿Has visto a .... de mis amigos?
    —No, no he visto a ....
11. —¿Dice........... nuevo el periódico?
    —No, no dice ....nuevo.
12. ....útil puede esperarse de Casimiro. Es muy poco inteligente.
13. Si él te ha dicho que no, yo tampoco quiero.........
14. De .... manera le aceptaría una propina.
15. Ni tengo dinero ni quiero ....
16. Aunque no lo creas, José Carlos no es .... tonto.
17. No me traigas esas revistas, porque no voy a leer........
18. Nos queda ....carbón.
19. Vete a abrir la puerta, que .... está llamando.
20. Mira, ha venido ....de tus amigos.
21. ¿Pero .... es capaz de ayudarme?
22. ....de vosotros me traicionará

XI
SER Y ESTAR 1

A. ¿Qué es? ¿Quién es? ¿Cuál es? / ¿Dónde está?

Luciano viene de la calle con un paquete. Su hijo le pregunta:

¿QUÉ *es* eso, papá?

Posibles respuestas de Luciano:

es un regalo para vosotros
son los libros que me habíais pedido
es lo que vimos ayer en la tienda

El niño abre el paquete y encuentra dos libros, uno para él y otro para su hermano. Pregunta:

¿CUÁL *es* mi libro, papá?

Luciano puede contestar:

es el azul
es éste
es el que tiene más dibujos

El niño no conoce a uno de los personajes dibujados en el libro. Y pregunta:

—¿QUIÉN *es* éste, papá?
—*Es* el pato Donald
 Es Marcelino Pan y Vino
 Es un enanito
 Es el que salió ayer en televisión

El niño va a jugar, y al poco rato no encuentra el libro; y pregunta:

—¿DÓNDE *está* el libro, papá?

—*Está* encima de la mesa grande
 Está donde tú lo pusiste
 Está allí, detrás del jarrón
 Está en el cajón de la derecha

RECUERDE

→ Las frases que identifican al sujeto con un **nombre o equivalente** (pronombre, infinitivo, adjetivos sustantivados, cláusulas sustantivas) llevan siempre SER, y ello aunque el nombre vaya acompañado de un adjetivo:

es un buen presidente

Estas frases responden normalmente a una pregunta con QUÉ, QUIÉN O CUÁL.

→ Las frases que **sitúan al sujeto en un lugar** (real o figurado) se construyen con ESTAR.

el libro está en el cajón *(lugar real)*
el problema está en los sueldos *(lugar figurado)*

Estas frases responden a la pregunta DÓNDE

I. *Diga usted la identidad, la profesión, la situación en la clase y el color favorito de dos de sus compañeros:*

Ej: ésta es Mary; es estudiante; está en la tercera fila; su color favorito es el verde.

II. *Ponga SER O ESTAR en la línea de puntos:*

1. El que vino ayer a verme .... Juan Luis, mi compañero de habitación.
2. Ya lo dijo el poeta: enamorarse .... sufrir.
3. Mi bolígrafo .... el azul, el que .... debajo de tu cuaderno.
4. Ese médico................ una persona muy seria.
5. Lo importante .... que os curéis pronto.
6. Su principal labor .... vigilar el cumplimiento de la ley.
7. Ese hombre .... un pobre infeliz que no comprende por qué .... en este mundo.
8. La cuestión .... que nadie sabe dónde .... la solución.
9. Mi país .... entre dos pequeñas repúblicas americanas, que .... Nicaragua y Panamá.
10. ¿No lo conoces? ....pintor, ...un pintor muy famoso.
11. No entiendo nada: esto .... un lío impresionante
12. .... un estúpido, y nunca.......... donde lo necesitas.

B. ¿Cómo es? / ¿Cómo está?

Luisa se encuentra con su vieja amiga Laura, y ésta le dice que se ha casado. Luisa le pregunta:

—¿Y cómo es tu marido?
—*Es* muy alto
 Es moreno
 Es inteligente
 Es muy simpático
 Es cariñoso

Laura ha hecho así una *presentación* de su marido. Por eso a la pregunta anterior no respondería directamente:

—*Está* contento
 Está enfermo

Al poco tiempo, Laura y Luisa se encuentran de nuevo. Ahora Luisa pregunta:

—¿Cómo está tu marido?
—*Está* bien
 Está enfermo
 Está contento con su trabajo
 Está disgustado

Laura se ha referido a la *situación* de su marido en ese momento. No sería pertinente contestar ahora:

—*Es inteligente*
 Es muy alto

RECUERDE

→ Cuando atribuimos al sujeto **la cualidad expresada por un adjetivo,** el verbo puede ser SER o ESTAR. La frase responde normalmente a la pregunta CÓMO.

→ Con SER **presentamos** al sujeto, damos la **descripción de sus características más o menos permanentes,** lo clasificamos:
Mi marido es alto = pertenece a la clase de personas altas

→ Con ESTAR nos referimos a la **situación o estado** del sujeto en un momento determinado, situación que vemos como variable y que en muchos casos es **producto de un cambio:**
Mi marido está enfermo = situación actual de mi marido: está enfermo

III. *Un marciano llega a la Tierra. Hágale usted la identificación y presentación de los siguientes personajes:*

Ej.: Cristóbal Colón.

Fue un marino genovés. Era valiente y aventurero.

1. Supermán
2. Pelé
3. Blancanieves
4. Charles Chaplin
5. Shakespeare
6. El conejo de la suerte
7. Picasso
8. Napoleón
9. El profesor que le da a usted clase
10. Varios compañeros de la clase

IV. *Conteste según el modelo (puede utilizar la palabra que se le sugiere u otra):*

—Pedro ha resuelto el problema
—Porque es inteligente

1. Pedro ha resuelto el problema - (inteligente)
2. Antonio casi no come - (enamorado)
3. Juan no tiene amigos - (antipático)
4. El perro tiene mal aspecto - (enfermo)
5. Marta ve dos guardias y sólo hay uno - (borracha)
6. No oigo al niño - (callado)
7. Le gustan los toros - (español)
8. Bebe mucha coca-cola - (americano)
9. Gasta mucho dinero - (rico)
10. Tengo frío - (desnudo)
11. Me he quemado con la plancha - (caliente)
12. Han tirado el jarrón a la basura - (roto)
13. Hoy Carmen tiene mucho éxito con los chicos - (guapa)
14. Has terminado toda la comida - (buena)

C. SER y ESTAR con gerundio y participio:

Cuando decimos

> La puerta *es abierta* todas las mañanas por un hombre bajito

nos estamos refiriendo a la *pura acción* de *abrir*. Cuando decimos

> La puerta *está abierta*

estamos hablando del *resultado* de una acción anterior: la puerta *está abierta* porque antes *ha sido abierta*.

RECUERDE

→ Con un **gerundio nunca es posible el uso de** SER:

> *Sí:* ESTÁ durmiendo la siesta
> *No:* ES durmiendo la siesta

→ Con un **participio** SER y ESTAR pueden formar la **voz pasiva.** La pasiva con SER se refiere a **una acción;** la pasiva con ESTAR, al **resultado de una acción anterior.**
En este último caso no suele expresarse el agente.

V. Pida a varios compañeros que le digan qué están haciendo.

VI. Transforme las siguientes frases en pasivas con SER y ESTAR.

> Ej.: Un hombre bajito ha abierto la puerta
> La puerta ha sido abierta por un hombre bajito.
> La puerta está abierta.

1. Han terminado el edificio
2. El administrador ha firmado la carta
3. El alcalde ha prohibido los ruidos nocturnos.
4. Dos gamberros han destruido la estatua
5. A las ocho habrán vendido todas las entradas
6. Lo habían enterrado en el jardín
7. La policía lo había detenido
8. Ya habían escrito el libro
9. El día 25 las Cortes habrán aprobado la ley del divorcio
10. La taquillera habrá cerrado la ventanilla dos horas después

XII
SER Y ESTAR 2

EJERCICIOS

I. *Diga usted si* SER O ESTAR *están bien empleados en las siguientes frases:*

1. La semana pasada encontré a nuestro viejo conocido Pablo. Es bastante calvo
2. Está hablador por naturaleza
3. ¿No conoces ese país? Su clima está húmedo y templado
4. Calla, que soy escuchando al profesor y lo que dice es muy interesante
5. Deja ya de preguntarme por tu peine: es allí
6. No mires más esa revista: todos los hombres son desnudos
7. El viejo siempre ha sido muy serio, pero hoy ha bebido y está muy alegre
8. El discurso de esta noche estará pronunciado por el ministro
9. El huevo se ha caído, pero es intacto
10. Fue un accidente terrible, pero Lucas es vivo
11. El juicio no será televisado
12. Es un buen estudiante, pero estos días es muy vago
13. Lo bueno está que no se lo dijo a nadie

En el ejercicio anterior hemos encontrado una frase similar a la siguiente:

El viejo siempre *ha sido* triste, pero hoy *está* alegre

La frase responde perfectamente a las reglas que hasta ahora hemos dado. PERO OBSERVE:

La cárcel siempre *ha sido* necesaria, pero ahora no *está* necesaria

Desde que nació *ha sido* enfermo, pero ahora no *está* enfermo

no son frases correctas: la primera sólo admite *ser* y la segunda sólo *estar*.

COMENTARIO AL EJERCICIO I

→ Algunas cualidades se prestan mal a una adquisición, a ser producto de un cambio, mientras que otras tienden a que las veamos como adquiridas, como transitorias. Por eso **hay adjetivos que sólo admiten** SER (o que admiten preferentemente SER) **y otros que sólo admiten** ESTAR (o que admiten preferentemente ESTAR). Por ejemplo:

a) Los que indican **necesidad** u **obligación** (*necesario, obligatorio*), o hacen referencia a una **norma** (social, estadística, estética o de otro tipo: *frecuente, absurdo, adecuado*), o señalan **nacionalidad, ideología** o **movimiento artístico** (*español, comunista, barroco*), o expresan **aversión** o **simpatía** hacia algo (*partidario, contrario*) lo normal es que aparezcan con SER.

b) Los que expresan **estado físico** o **psicológico** (*enfermo, desnudo, sentado, loco*) van con ESTAR.

→ Los **adverbios de modo** (salvo *así*, que sigue la regla general) se construyen **sólo con** ESTAR.

II. *Conteste según el modelo utilizando* SER O ESTAR:

—La cárcel la encuentro necesaria
—Sí, sí lo *es* (o pues no lo *es*)

1. Leer libros me parece necesario
2. Te noto cansada
3. Este vino lo encuentro agrio
4. La mili parece obligatoria en España
5. El miedo parece general
6. D. Quijote me parece aficionado a los libros de caballerías
7. Tu amigo me parece un poco ateo
8. Este pescado lo encuentro soso
9. Tus deseos los encuentro lícitos
10. El emigrante parece español
11. Te veo partidario del divorcio
12. Las aguas de este río las encuentro calientes
13. Esas reacciones no me parecen frecuentes
14. A mí Lope de Vega me parece socialista
15. A la señora de Tarzán la encuentro muy guapa

16. A mí los escritos de Calderón me parecen anarquistas
17. Hoy os encuentro dormidos
18. Al alumno de la primera fila lo noto algo enfermo
19. Al enfermo de la cama 20 lo encuentro perfectamente
20. Con este sombrero no me veo muy bien
21. En España los cinturones de seguridad parecen voluntarios
22. A tu sobrino lo veo mal
23. Yo lo que dice el profesor lo encuentro absurdo
24. Yo lo veo quieto
25. Yo lo veo de pie
26. Me parece amante de hacer favores
27. Tu acompañante parece triste

Acabamos de ver que hay adjetivos como *necesario* o *contento* que exigen construirse sólo con uno de los dos verbos. Hay otros que admiten los dos, pero su comportamiento es especial:

Pilar ES aburrida significa 'Pilar produce aburrimiento en la gente'
Pilar ESTÁ aburrida significa 'Pilar tiene aburrimiento'
Antonio ES orgulloso significa 'Antonio tiene exceso de estimación propia'
Antonio ESTÁ orgulloso significa 'Antonio siente satisfacción'

COMENTARIO AL EJERCICIO II

Hay adjetivos que si van con SER tienen un significado, y si van con ESTAR **otro distinto.** Cuáles son tales adjetivos sólo puede aprenderse con la práctica.

III. *En las frases siguientes aparecen en cursiva una serie de palabras o expresiones. Cada una de ellas puede ser sustituida por alguna de las que figuran en la lista adjunta, de forma que el significado de la frase sigue siendo aproximadamente el mismo. Debe usted encontrar la adecuada en cada caso:*

1. tímido (-a)
2. ofendido (-a)
3. sin madurar
4. preparado (-a)
5. tiene pocos años
6. enfermizo (-a)
7. deseable
8. no se divierte
9. presentable
10. de color verde

11. sabe poco de
12. aparenta pocos años
13. fatigado (-a)
14. bondadoso (-a)
15. no divierte a la gente
16. en paro
17. fastidioso (-a)
18. a salvo
19. lavado (-a)
20. sin dormir

21. inteligente
22. fatigoso (-a)
23. cortés
24. con atención
25. curado (-a)
26. amante de la limpieza
27. ofrece seguridad
28. de raza negra
29. muy enfadado (-a)
30. honesto (-a)

1. Ese cantante *es aburrido* / Ese cantante *está aburrido*
2. En clase soy *atento* / En clase estoy *atento*
3. Pedro es realmente *bueno* / Pedro está realmente *bueno*
4. Me ha dicho tu madre que ya eres *buena* / Me ha dicho tu madre que ya estás *buena*
5. Este caballo es muy *cansado* / Este caballo está muy *cansado*
6. De un tiempo a esta parte, Ramiro es muy *delicado* / De un tiempo a esta parte, Ramiro está muy *delicado*
7. El aprendiz es *despierto* / El aprendiz está *despierto*
8. Mi abuelo *es joven* / Mi abuelo *está joven*
9. La mujer que barre la escalera es muy *limpia* / La mujer que barre la escalera está muy *limpia*
10. Agustín *está verde en* Matemáticas
11. Veo, Maruja que eres *lista* / Veo, Maruja, que estás *lista*
12. Te repito que el coche *es seguro* / Te repito que el coche está *seguro*
13. Las peras son *verdes* / Las peras están *verdes*
14. ¿Cómo es posible que mi hijo sea *negro*? / Me parece lógico que mi hijo esté *negro*
15. No comprendo por qué eres tan *molesto* / No comprendo por qué estás tan *molesto*
16. El muchacho, en mi opinión, es *decente* / El muchacho, en mi opinión, está *decente*
17. Ese español con el que sales es algo *parado* / Ese español con el que sales está *parado*

IV. *Haga usted preguntas a su compañero en relación con los objetos o personas siguientes. Su compañero responde:*

Ej.: Leslie

¿Quién es Leslie? - Es una compañera mía
¿Dónde está Leslie? - Está en clase
etc.

1. Leonardo da Vinci
2. Manolete
3. La estación
4. Correos
5. Lo que tienes en la mano

6. Tu nombre favorito
7. Tu animal preferido
8. Tu número de teléfono
9. Esa mujer gorda
10. Los Pirineos

Hemos dicho que para situar al sujeto en un lugar utilizamos *estar*. PERO OBSERVE: las frases siguientes NO son posibles:

El examen *estará* en el aula 14
El baile *estará* en la plaza
El partido *estará* en Sevilla

Ello se debe a la naturaleza de *examen, baile* y *partido.*

COMENTARIO AL EJERCICIO IV

→ Cuando hablamos de **acontecimientos** (*examen, baile, partido*) utilizamos SER **para situarlos en un lugar.** En este caso SER equivale a *suceder, ocurrir, celebrarse, tener lugar.*

Si una palabra designa a la vez objeto y acontecimiento —por ejemplo, *obra de teatro* puede ser una representación (acontecimiento) o un libro (objeto)— es situada mediante SER cuando es acontecimiento y mediante ESTAR cuando es objeto.

→ Para situar **acontecimientos en el tiempo,** también usamos SER:
El examen será el día 19
El partido es en enero

V. *Escriba usted carteles dando información sobre las siguientes actividades:*

1. Una excursión a Segovia
2. La fiesta de fin de curso
3. Un partido de fútbol entre profesores y alumnos
4. Una carrera ciclista

5. Una corrida de toros
6. Un ciclo de conferencias
7. Un concierto de órgano

VI. *Construya frases:*

el concierto		una maravilla
mi lapicero		encima de una silla
Salamanca		en la cama
la conferencia		una persona muy seria
el profesor		periodista
el guardia	SER	el año que viene
el mitin	ESTAR	una obra maestra
la novela		detrás de la iglesia
mi madre		un buen negocio
el divorcio		aprobado (-a)
la noticia		leído (-a) por todo el mundo
Armando		profesor

Suponga que en el ejercicio anterior elegimos la combinación *Armando - profesor.* Usted ya sabe que en este caso debemos poner *ser: Armando* ES *profesor.* PERO OBSERVE: *existe la posibilidad de usar* ESTAR *si añadimos de:*

Armando ESTÁ *de profesor*

Por supuesto, ESTAR añade sus matices propios y el significado es algo diferente.

COMENTARIO AL EJERCICIO VI

Los nombres de **profesión** *(profesor),* **cargo** *(alcalde),* **función** *(defensa izquierdo)* pueden construirse con ESTAR DE:

Anta está de médico

Vivo bien: estoy de alcalde

Lorenzo está de defensa izquierdo

Pero entonces la frase indica que la persona desempeña sus funciones en un TIEMPO Y LUGAR CONCRETOS, contenido que puede ir sobreentendido, como en los ejemplos de arriba, o expreso, como en los siguientes:

Hace un año Anta estuvo de médico en Plasencia

Vivo bien: ahora estoy de alcalde en mi pueblo

Por el momento en el equipo Lorenzo está de defensa izquierdo

---

VII. *Con los datos que se le dan, háblenos de los siguientes personajes, utilizando* SER *y* ESTAR DE:

Ej.: Jesús Anta es médico; está de médico en Plasencia

Nombre	Profesión	Desempeña ahora funciones de	Lugar
Jesús Anta	médico	médico	Plasencia
Víctor Pinto	médico	profesor de Ciencias	Guadalajara
Luis Ramírez	notario	notario	Madrid
Lucas Vázquez	torero	alcalde	Perales de Vicuña
Ernesto Monje	abogado	decano	Universidad de Murcia
Arnaldo Cruz	futbolista	portero	Lagunilla C.F.
Andrés Núñez	licenciado	jardinero	Benavente
Leonor Bravo	economista	peluquera	Cuenca
Alfonso Vara	carpintero	director	Escuela de Artes y Oficios
Peter Rask	profesor de inglés	lector	Salamanca
Facundo Valverdi	biólogo	entrenador	Ondarroa Promesas
Ildefonso Verdú	profesor de literatura	ministro	Uganda
Rosario Estévez	ama de casa	presidenta	Liga Antialcohólica

XIII
SER Y ESTAR 3

RECAPITULACIÓN

EJERCICIOS

I. *Ponga* ser *o* estar *en la línea de puntos:*

1. No .... verdad que la vuelta ciclista a España .... en diciembre.

2. El presidente .... el que ..... al lado de la señora del moño.

3. El coche que he comprado .... aparcado allí.
    — ¿ .... el verde o el rojo?
    — Ninguno de los dos: .... el primero[1] de la derecha.

4. La intervención del abogado .... buena en general, pero lo que dijo al final no .... pertinente.

5. La sentencia quizá .... legal, pero no .... justa.

6. — La posición del delantero .... totalmente correcta
    — Pues el árbitro estimó que no .... reglamentaria, que .... fuera de juego.
    — Porque ese árbitro .... ciego.

7. — Hoy .... muy guapa.
    — Sabes que conmigo no .... necesarios los cumplidos.
    — .... bien, mujer.

---

1. La posición del sujeto en una serie normalmente se expresa con *ser*, pero cuando esta posición no es definitiva, puede aparecer *estar*. *Estar* resulta tanto más probable cuanto más se quiere destacar ese carácter provisional: por eso se emplea con profusión durante el desarrollo de una competición:

> *Aunque en la clasificación final quedó el diez, llegó a* ESTAR *el cuarto.*

> *El caballo responde: de momento* ESTA *el segundo*

Cuanto más se descuida el carácter reversible de la posición más probable es la aparición de *ser*: por eso es el verbo normal para identificar, por su puesto en una serie, algo o a alguien que el interlocutor no conoce, como sucede con el coche en la frase 3.

8. No .... normal encontrar naranjas que .... a diez pesetas[2]

9. — Chico, esta noche .... muy romántico.

— No es que lo .... esta noche, es que siempre lo he ....

10. Hay que .... loco para decir que Calderón ...... modernista.

11. Ese guardia .... muy atento: todos los días me ayuda a cruzar la calle.

12. — La fiesta es divertidísima.

— Sin embargo tu amigo .... muy aburrido

— Porque .... con Paquita[3], que .... la más sosa de todas

13 — Estas manzanas .... verdes, ¿no?

— No, ... rojas, pero es que todavía no ..... maduras.

14. Esta casa la construyeron el año pasado y fíjate qué vieja .... ya.

15. — ¿Dónde .... la conferencia?

— Donde .... la estatua de Unamuno

16. .... licenciado, pero .... de acomodador en el Teatro Principal hasta que encuentre otro trabajo.

17. Yo ..... del corazón de la Mancha. Y tú, ¿de dónde .... ?[4]

18. .... posible que ese anillo .... de oro, pero lo dudo[5]

19. Ha engordado diez kilos: .... hecho un adefesio[6]

20. ¡Callate ya! ¡Qué plomo .... hecho!

21. ¡Cómo si no te conociera! ¡Buen zorro .... tú hecho!

2. Con una frase como *las naranjas son a 50 pesetas* o *la leche es a 40 pesetas* indicamos el precio de la unidad más usual, en este caso el kilo y el litro respectivamente. *Ser* es aquí intercambiable, salvados pequeños matices, con *estar*. Cuando preguntamos para pagar, en cambio, sólo cabe *ser*:

¿cuánto es esto, por favor? - son 120 pesetas.

3. La compañía siempre se construye con *estar*.
4. El origen o procedencia se expresan con *ser*: *es de León*.
5. La materia de que algo está hecho se expresa con *ser*: *es de oro, es de piedra, es de madera* (pero ojo: ESTA HECHO *de piedra*).

6. En español es frecuente, sobre todo en el habla coloquial, la construcción ESTAR HECHO (O HECHA, HECHOS, HECHAS) más un nombre:

estás hecho un burro
estás hecho polvo
están hechas unas atletas

El nombre en estos casos suele tomarse en sentido figurado y la frase siempre tiene algún matiz estilístico, por ejem. de exageración o ironía. Si el nombre lleva *un, una, unos, unas* es posible darle la vuelta a la construcción mediante *qué*, o *buen*. Así:

qué burro estás hecho
buenas atletas están hechas
NO: *qué polvo estás hecho.*

II. *La policía ha detenido a dos ladrones de joyas y tiene que rellenar el siguiente formulario. Ayúdela usted utilizando* SER *o* ESTAR *(puede aprovechar o no las palabras que se le sugieren):*

Descripción de los sujetos: el primero (bajo, gordo, calvo) .... y el segundo (moreno, estatura media) ....
Estado físico y psicológico actual: (fatigados, nerviosos, bien de salud) ....
Lugar de nacimiento de los sujetos: ....
Lugar de la detención: ....
¿Les acompañaba alguien? Sí (una mujer)...............
Joyas en su poder (siguientes: dos pulseras, un collar, tres anillos) ....
Material de las joyas: (oro, diamantes, esmeraldas, plata) ....

III. *Rellene con lo que usted prefiera las líneas de puntos, de forma que resulten frases correctas:*

1. Santos estaba .... de ella.
2. — ¿Qué día es hoy?
   — Hoy .... jueves[7]
   — ¡Qué barbaridad! ¿Ya estamos a .... ?
3. Santos era .... de ella.
4. No pudo evitarlo y cayó a la calle. Desde aquél día era........
5. Aquél que llevaba no era......, pero no le gustaba a su mujer.
6. Aquél que llevaba no estaba............. , pero no le gustaba a su mujer.
7. No creo que Pura vaya a ese baile: es demasiado ....
8. No me causa molestias; al contrario, estoy ....
9. Tiene una fortuna, y sin embargo no es ....
10. Tiene una fortuna y sin embargo no está ....
11. La comida normalmente es ...., pero hoy está ....
12. Antes de llegar estuve ....durante dos horas.
13. El cuadro ....por El Greco.

IV. *En cada uno de los siguientes textos hay cuatro empleos incorrectos de* SER *o* ESTAR. *¿Puede encontrarlos?*

7. La fecha del día puede expresarse con *ser* o *estar*. Así:
    Hoy *es* 27   Hoy *es* jueves
    Hoy *estamos a* 27   Hoy *estamos a* jueves

1   — ¡Cuánto tiempo sin verte! ¿Cómo te va?

— Regular. Terminé la carrera hace dos años. Desde entonces estoy de geólogo, pero no he podido encontrar ningún tipo de trabajo. Y eso que fui el primero de mi promoción.

5   — Sí, la situación es mal; pero consuélate: en Letras los parados estamos ya tres mil[8]; "mal de muchos, consuelo de todos".

— El refrán es "mal de muchos consuelo de tontos".

— Muy pesimista estás hoy. Tu antes no lo eras.

10   — Hombre, no querrás encima que esté contento. Ya sé que no se adelanta nada con ser amargado, pero no puedo evitarlo.

2   El hombre, que ya estaba pálido por las muchas jornadas de alcohol y de ayuno, subió al estrado y se dirigió a la multitud con estas palabras:

«Se nos ha dicho: «un español llegó a Las Indias en 1492 para evangelizar a los paganos». Pero yo os digo:

5   «¿Fue un español quien llegó a Las Indias en 1492? Más bien parece que estaba genovés.

¿Fue a Las Indias adonde llegó un español en 1492? Está claro que aquello no estaban Las Indias, sino un mundo nuevo.

¿Fue para evangelizar a los paganos para lo que llegó un español a Las Indias

10   en 1492? ¿O los motivos que lo movían estaban más materialistas?.

¿Fue en 1492 cuando llegó un español a Las Indias? Esto parece estar lo único cierto[9].

Ved, pues, que la Historia, esa Historia que es nuestra[10] y que debemos defender, está manipulada».

La multitud, que no esperaba aquello, estaba estupefacta.

3   El texto que sigue está de Miguel Delibes:

— Oye, Mochuelo —dijo de pronto—; ¿por qué no se casa la Sara con el Peón?

5 Por un momento Daniel, el Mochuelo, vio los cielos abiertos. ¿Cómo estando aquello tan sencillo y pertinente no se le ocurrió antes a él (...)?

El Moñigo movió la cabeza dubitativamente:

— El caso está que ellos se quieran casar —dijo.

— ¿Por qué no van a querer? —afirmó el Mochuelo. El Peón hace diez

10 años que necesita una mujer y a la Sara no la disgustaría que un hombre le dijese cuatro cosas. Tu hermana no es guapa.

— Es fea como un diablo, ya lo sé; pero también es fea la Lepórida.

---

8. La *cantidad* se expresa con *ser*, salvo que interese referirse a la que hay en un lugar y momento concretos: SOMOS 120, pero aquí ESTAMOS 14.

9. Obsérvese el uso de *ser* para destacar la parte que interesa de una frase. Con *estar* tal uso no es posible.

10. La propiedad se expresa con *ser*.

— ¿Es escrupulosa la Sara? —dijo el Tiñoso

— Qué va; si le cae una mosca en la leche se ríe y le dice: «prepárate, que
15 vas de viaje», y se la bebe con la leche como si nada. Luego se ríe otra
vez —dijo Roque, el Moñigo.

— ¿Entonces? —dijo el Tiñoso

— La mosca no vuelve a darle guerra; es cosa de un momento. Casarse
está diferente —dijo el Moñigo.

(Miguel Delibes: *El Camino*)

V. *Destaque la expresión subrayada en cada frase, según el modelo:*

Pedro nació en Madrid → Fue Pedro quien nació en Madrid.
Pedro nació *en Madrid* → Fue en Madrid donde nació Pedro.

1. *Miguel Delibes* escribió "El Camino"
2. Necesitamos *comida.*
3. Vi *los cuadros de Miró*, no los de Picasso.
4. Me enamoré *el uno de agosto*.
5. Le dio *con un libro* en la cabeza.
6. Estás hablando *con mi padre*.
7. Me matriculé *para que me enseñaran Literatura*.
8. Hizo el pozo *utilizando un taladro*.
9. Salió *de la habitación 24*.
10. Debes escribir *así*.
11. Has visto demasiado la televisión: *por eso* te duele la cabeza.

EJERCICIOS SOBRE LA COLOCACIÓN DE ADJETIVOS

Abajo se le dan varias parejas de palabras: Construya frases con ellas (siempre que sea posible) e indique su sentido:

1. simpáticos negros
2. negros simpáticos
3. verdes campos
4. campo verdes
5. nueva ropa
6. ropa nueva
7. pequeños pájaros
8. pájaros pequeños
9. ruso restaurante
10. restaurante ruso
11. playa privada
12. privada playa.
13. sólo café
14. café solo
15. apuros económicos
16. económicos apuros
17. historia social
18. social historia
19. lingüística americana
20. americana lingüística
21. derecho político
22. político derecho
23. palacio real
24. real palacio
25. gran hombre
26. hombre grande
27. simple oficinista
28. oficinista simple
29. señora pobre
30. pobre señora
31. medio francés
32. francés medio

XIV

EL PERÍODO CONDICIONAL 1

1. Si juega López, el equipo ganará.
2. Te firmaré el contrato siempre que hoy cantes bien.
3. De venir, llegaría antes de las doce.
4. Como saquen más de mil votos, fallarán las previsiones.

En los ejemplos anteriores aparecen cuatro acontecimientos (*ganar, firmar el contrato, llegar antes de las doce, fallar las previsiones*), cuya realización depende de la de otro enunciado (*jugar López, cantar bien, venir, sacar más de mil votos*) que se pone como condición. Los períodos que reúnen estas características reciben el nombre de **condicionales.**

Al enunciado que actúa como condición (*si juega López, siempre que hoy cantes bien, de venir, como saquen más de mil votos*) lo llamaremos así, **condición**; llamaremos **oración principal a** aquella cuya realización depende del cumplimiento de la condición (*el equipo ganará, te firmaré el contrato, fallarán las previsiones, llegaría antes de la doce*).

A. Indicativo vs. subjuntivo en la condición.

Antonio y Carlos van a hacer una excursión al río Porma, pero no saben exactamente dónde está. Carlos dice:

1. Si *tienes* un mapa, lo averiguaremos en seguida

Carlos ve perfectamente posible que Antonio tenga un mapa. Comparemos ahora con 2.:

2. Si *tuvieras* un mapa, lo averiguaríamos en seguida.

O Carlos sabe que Antonio no tiene el mapa, o plantea el hecho como una hipótesis menos probable que en 1. Otros ejemplos:

3. Si Colón *resucitara*, podría volver a América (*Colón no va a resucitar*).
4. Si *hace* buen tiempo, iremos de excursión (*puede hacer buen tiempo*).
5. Si todos los españoles *midieran* dos metros, serían campeones de baloncesto (*no miden dos metros*).
6. Si me *suben* el sueldo, me compraré el coche (*pueden subirme el sueldo*).
7. Si me *subieran* el sueldo, me compraría el coche (*lo veo menos probable*).

I. *Todas las frases que siguen responden a la pregunta ¿ganaremos el domingo el partido? Elija uno de los dos verbos que se le dan o, si son posibles los dos, diga cuál es la diferencia:*

1. Si $\left\{\begin{array}{l}\text{jugara}\\\text{juega}\end{array}\right\}$ Juanito, sí, pero está lesionado

2. Si los jugadores contrarios $\left\{\begin{array}{l}\text{fueran}\\\text{son}\end{array}\right\}$ cojos, sí

3. Si ese día $\left\{\begin{array}{l}\text{hubiera}\\\text{hay}\end{array}\right\}$ barro, sí

4. Si $\left\{\begin{array}{l}\text{jugáramos}\\\text{jugamos}\end{array}\right\}$ con un balón cuadrado, sí

5. Si, como es habitual, $\left\{\begin{array}{l}\text{fuera}\\\text{va}\end{array}\right\}$ mucha gente al campo, sí

6. Si los rivales $\left\{\begin{array}{l}\text{fueran}\\\text{son}\end{array}\right\}$ enanos, sí

7. Si, como yo espero, se $\left\{\begin{array}{l}\text{practicara}\\\text{practica}\end{array}\right\}$ un juego limpio, sí

8. Si el partido $\left\{\begin{array}{l}\text{durara}\\\text{dura}\end{array}\right\}$ todo el día, sí

9. Si el partido se $\left\{\begin{array}{l}\text{jugara}\\\text{juega}\end{array}\right\}$ por la noche, sí, pero se juega a las cuatro de la tarde.

10. Si $\left\{\begin{array}{l}\text{tuviéramos}\\\text{tenemos}\end{array}\right\}$ suerte, sí

B. Los tiempos cuando la condición va en subjuntivo

Si yo (estar) con Alfonso, la situación sería diferente.

¿En qué tiempo de subjuntivo debe ir el infinitivo? Depende de la referencia temporal del verbo. Observe:

SI
- AYER — yo *hubiera estado* con Alfonso
- AHORA — yo *estuviera* con Alfonso
- MAÑANA — yo *estuviera* con Alfonso

la situación sería muy diferente

Algo semejante ocurre en la oración principal:

Si las nubes no se hubieran desviado
- AYER
  - *hubiera llovido*
  - *habría llovido*
- AHORA — *llovería*
- MAÑANA — *llovería*

a cántaros

RECUERDE

En un período condicional construido con si y con la *condición en subjuntivo*, el **esquema básico** de tiempos es:

En la *condición*
- cuando se refiere al **pasado: pluscuamperfecto** (*hubiera o hubiese estado*)
- cuando se refiere al **presente** o al **futuro: imperfecto** (*estuviera o estuviese*)

En la *oración principal*.
- cuando se refiere al **pasado: pluscuamperfecto de subjuntivo** o **condicional compuesto** (*habría llovido*).
- cuando se refiere al **presente** o al **futuro: condicional simple** (*llovería*).

II. *El razonamiento que sigue apareció de forma casi idéntica en una revista de humor española. Ponga usted los infinitivos en la forma adecuada:*

El gobierno no va a prohibir el tabaco, lo cual es una pena porque:

1. Si (prohibir) .... el tabaco, llevar un paquete (ser) ....
.... un delito.

2. Si llevar un paquete (ser) ....un delito, al que le pillasen con un puro (caérsele) .... el pelo.

3. Si al que le pillasen con un puro (caérsele)...............el pelo, el 90% de los hombres (ser) .... calvos.

4. Si el 90% de los hombres (ser) .....calvos, (usar) ....boina.

5. Si (usar) ....boina, todos (parecer).................. vascos.

6. Si todos (parecer) ....vascos, (comprender) ....mejor el problema de las nacionalidades.

III. *Complete los diálogos utilizando la construcción y los verbos que se le sugieren:*

Ej: — ¿Te gusta Salamanca?
— Si tuviera mar sería la mejor ciudad de España.

1. — ¿Te gusta Salamanca?
— Si (tener mar)...

2. — Tu novio es muy guapo
— Si (no ser guapo)...

3. — No sabía que el papa había sufrido un atentado
— Si (leer los periódicos)...

4. — Estoy muy gorda
— Si (comer)...

5. — Tengo mucho sueño
— Si (ayer no ir a la discoteca)...

6. — Han metido a Ramírez en la cárcel.
— Si (no asaltar el banco)...

7. — He cogido un catarro tremendo
— Si (el domingo tomar el sol)...

8. — No tengo a nadie que me acompañe
— Si (ser más simpática)...

9. — ¿Piensas casarte algún día?
— Si (en España existir la poligamia)...

10. — De modo que no me prestas mil pesetas, ¿eh?
— Si (tenerlas)...

C. Los tiempos cuando la condición va en indicativo

Tomemos las frases siguientes:

1. Daniel *fuma. Puedes* regalarle una pipa.
2. Laura *ha encontrado* el libro. Lo *traerá* en seguida.
3. No *estaba* en casa. No *pudo* contestar al teléfono.
4. *Jugaré* a la lotería. Quizá me *haga* rico.
5. Dijo que el autobús *saldría* a las 8. A esa hora *tendríamos* que estar en la Plaza.

Se trata de construcciones correctas en español. Vamos a transformarlas en períodos condicionales añadiéndoles SI. Los resultados son:

1. Si Daniel *fuma, puedes* regalarle una pipa.
2. Si Laura *ha encontrado* el libro, lo *traerá* en seguida
3. Si no *estaba* en casa, no *pudo* contestar al teléfono
4. Si **juego** a la lotería, quizá me *haga* rico.
5. Dijo que si el autobús **salía** a las 8, a esa hora *tendríamos* que estar en la Plaza.

Los verbos se han mantenido invariables; salvo en la condición de 4 y 5.

RECUERDE

En un período condicional construido con SI y con la *condición en indicativo*, el **esquema de tiempos** es:

1) La *oración principal* se comporta como cualquier oración independiente y, por tanto, **es capaz de admitir formas de indicativo, subjuntivo e imperativo,** de acuerdo con el valor general de cada una de ellas.

2) **La *condición* admite todos los tiempos de indicativo** de acuerdo con el valor de cada uno de ellos. EXCEPCIÓN: **ni los futuros ni los condicionales son posibles en la *condición*.** Se sustituirán de acuerdo con las equivalencias siguientes:

llegará ⟶ llega
habrá llegado ⟶ ha llegado
llegaría ⟶ llegaba
habría llegado ⟶ había llegado

IV. *Complete el siguiente anuncio de unos grandes almacenes:*

1. Si el próximo fin de semana (ir) ....usted de pesca, (visitar) ....nuestro rincón del pescador.

7

2. Si, por el contrario, (decidir) .... usted quedarse en casa, en nuestra sección de librería (encontrar) .... las más divertidas novelas.

3. Si hace años (comprar) ....usted un coche, y ya no (ganar) .... para averías, (traerlo) .... y (nosotros, darle) .... otro nuevo.

4. Si algún día usted (necesitar) .... aprender idiomas, (nosotros, poder) .... ofrecerle métodos sencillos y rápidos.

5. Si nunca (disfrutar) .... de los efectos de un baño relajante, (deber) .... usted visitar nuestro sótano.

6. Si no (gustarle) .... su nariz, nosotros (cambiársela) ....

7. Si usted (cumplir) .... ya los 60, pero (querer) .... parecer un adolescente, nuestros especialistas (darle) .... la solución.

8. En suma, si nunca nos (visitar) .... , es porque no nos conoce. Ahora tiene la oportunidad de hacerlo.

V. *A María, que cerró la puerta del piso y dejó las llaves dentro, usted podría decirle:*

Si no hubieras cerrado la puerta, no habríamos pasado la noche en la escalera.

Diríjase con la misma estructura a las siguientes personas:

1. A Paula, que va a salir sin paraguas y llueve.
2. A Dolores, que teme no aprobar el examen.
3. A José, que fuma 60 cigarrillos al día.
4. A Elvira, que se cortó el pelo y ahora está feísima.
5. A Emilio, que bebió demasiado y se chocó contra una farola.
6. A Lorenzo, que quiere ser boxeador y mide 1,50.
7. A Ernesto, que vive en un 5º piso y quiere salir por la ventana.
8. A Joaquín, que no sabe qué hacer esta noche
9. A Luisa, que le propone a usted jugar una partida de ajedrez.
10. A Carlos, que le propone a usted ir el sábado al zoo.

XV
EL PERÍODO CONDICIONAL 2

EJERCICIOS

I. *Ponga los infinitivos en la forma adecuada:*

1. (Tener) ....el éxito asegurado si (cantar) .... bien esta noche.

2. Si Garcilaso (volver) .... yo (ser) .... su escudero

3. Si el descubrimiento de América se (repetir) ....el componente religioso (tener) .... menos importancia

4. Oye, si el sábado (estrenar)........ el coche, (avisarme) ....

5. Raquel no se va a presentar al examen, porque si se (presentar) .... así la (suspender) ....

6. Si Calderón de la Barca (nacer) ....en Groenlandia, no (escribir) ....Autos Sacramentales

7. Si (ganar) .... más dinero, me (casar) ....contigo

8. Lucas no (comprar).............los zapatos, porque si (comprarlos) ....ahora (traerlos)............. puestos

9. Juanito, si (estar) .... atento a la explicación que acabo de dar, seguro que (saber) .... quiénes eran los Reyes Católicos

10. Si el tiempo (cambiar) .... , dentro de unos días (salir) ....las hojas de los árboles

11. Si luego, cuando salgas a la calle, te (encontrar)........... con el portero, (hablar) .... con él del asunto de la calefacción

12. Si no (tú, tardar) ...., te (yo, esperar) ....

13. Te (yo, comprar) .... el juguete si no (ser) .... caro

Hasta ahora —y así ocurre en el ejercicio anterior— sólo hemos construido períodos condicionales con SI.

PERO OBSERVE: hay casos en que podemos sustituir SI por otra partícula sin que varíe el significado:

SI *tardas* no te espero = COMO *tardes* no te espero

Te compraré el juguete SI no *es* caro = Te comparé el juguete SIEMPRE QUE no *sea* caro.

Note usted, sin embargo, que se han producido cambios en el modo del verbo de la condición.

COMENTARIO AL EJERCICIO I

⟶ Los períodos condicionales no sólo se construyen con SI. Es frecuente también el empleo de COMO (sobre todo en la lengua coloquial) y SIEMPRE QUE partículas que, con este valor, **exigen siempre subjuntivo en la condición.** Por tanto:

a) Cuando en una condición con *si* + *subjuntivo* quitamos SI y ponemos COMO O SIEMPRE QUE, **las formas verbales quedan invariables.** De todas maneras en este caso COMO y SIEMPRE QUE son poco frecuentes.

b) Cuando en una condición con *si* + *indicativo* quitamos SI y ponemos COMO O SIEMPRE QUE, **hay que sustituir el indicativo por** el tiempo correspondiente de **subjuntivo** (recuerde que las correspondencias entre los tiempos de indicativo y subjuntivo figuran en la pág. 37).

Tendría el éxito asegurado $\begin{Bmatrix} \textit{siempre que} \\ \textit{como} \\ \textit{si} \end{Bmatrix}$ *cantara* bien

Tendrá el éxito asegurado $\qquad$ *si* $\qquad$ *canta* bien

En esta última frase, SI lleva indicativo en la condición y, por tanto, al poner COMO O SIEMPRE QUE hay que hacer la correspondiente conversión al subjuntivo:

Tendrá el éxito asegurado $\begin{Bmatrix} \textit{como} \\ \textit{siempre que} \end{Bmatrix}$ *cante* bien

⟶ Si con COMO y SIEMPRE QUE ponemos indicativo, las construcciones que resultan ya no expresan condición.

II. *Cambie* SI *por* COMO:

1. Si el próximo mes no sube la bolsa, tendremos que viajar a Suiza
2. Si dentro de un cuarto de hora no has terminado de comer, te quedarás sin ver la televisión
3. Si me trajeron ayer los muebles, se encontraron con la puerta cerrada, porque no había nadie en casa
4. Si no cenáis hoy conmigo, no me volváis a hablar
5. Si prohibiesen el tabaco, no tendrías más remedio que dejar de fumar
6. Si algún día hicieras lo que dices, me divorciaría de ti

III. *Cambie* SI *por* SIEMPRE QUE:

1. Toreará bien si no hay demasiado viento
2. Te dije que leyeras lo que quisieras, pero si no era pornografía
3. Está bien que la mujer se case, pero si quiere a su futuro marido
4. Esta es la carretera, si el mapa no está equivocado
5. Tomaremos leche, si la han traído hoy
6. A ti puedo conseguirte un buen empleo. Claro está, si cambias de maquillaje y te cuidas un poco más
7. La compra hubiera sido un buen negocio si tu socio no se hubiera precipitado

En los ejercicios anteriores usted ha practicado el cambio de modo en las condiciones con COMO y SIEMPRE QUE. Quizá ahora se pregunte si SI, COMO y SIEMPRE QUE son intercambiables en todos los casos. Evidentemente, la respuesta es no.

COMENTARIO A LOS EJERCICIOS II y III

→ SI es posible en todos los períodos condicionales, pero COMO y SIEMPRE QUE no.

→ COMO anuncia que, de cumplirse la condición, se producirá **un hecho inesperado, generalmente negativo.** Por eso COMO se usa sobre todo para **amenazar** al oyente y evitar que haga algo (ejemplos: frases 2, 4, 6 del ejercicio II).

→ SIEMPRE QUE pone una condición **sin la cual la oración principal no se produciría.** Por eso equivale casi siempre a *sólo si:*

Está bien que se case, pero $\left\{\begin{array}{l} siempre\ que\ quiera \\ solo\ si\ quiere \end{array}\right\}$

a su futuro marido.

En los períodos con SIEMPRE QUE, la condición suele ir detrás de la oración principal.

IV. *Utilice amenazas con* COMO *en las siguientes situaciones:*

1. Manuela no quiere bajar la radio y a usted le molesta
2. Su hermano no quiere levantarse de la cama
3. Usted es policía y un caballero tiene el coche mal aparcado
4. Usted es profesor, y un alumno está hablando continuamente
5. Usted es profesor, y sospecha que un alumno va a copiar en el examen
6. Elena quiere cortarle el agua cuando se está usted duchando
7. Su hijo está jugando con las cortinas y unas tijeras
8. Una amiga suya quiere salir desnuda a la calle
9. Usted sospecha que le han hecho la petaca
10. Usted está comprando un reloj, y aunque el vendedor dice que es muy bueno, usted sospecha que se va a estropear pronto

V. *Una amiga le expone planes para el verano. Respóndale según el siguiente esquema:*
   —Iremos a los Pirineos en julio
   —Iremos, siempre que yo tenga vacaciones entonces

1. Iremos a los Pirineos en julio
2. Nos alojaremos en un hotel de cuatro estrellas
3. Visitaremos a Ernesto y Esperanza
4. Bailaremos hasta las cuatro de la mañana
5. Esquiaremos todo el día
6. Nos olvidaremos de los libros
7. Respiraremos aire puro
8. Volveremos como nuevos al trabajo

VI. *Diga en qué se diferencian las dos frases de cada pareja:*

1. Si no comes chorizo adelgazarás / Si no comieras chorizo adelgazarías
2. Como no juegues mejor que tu hermano, no tenemos ninguna posibilidad de ganar / Como no jugaras mejor que tu hermano no tendríamos ninguna posibilidad de ganar
3. Saco el paraguas siempre que llueve / Saco el paraguas siempre que llueva
4. Como está loco, nadie le hará caso / Como esté loco, nadie le hará caso
5. Yo hago mi parte siempre que tú hagas la tuya / Yo hago mi parte siempre que tú haces la tuya
6. Si ayer ganó el equipo contrario, seguro que al árbitro le han pegado / Si ayer hubiera ganado el equipo contrario seguro que al árbitro le habrían pegado.

Todos los esquemas modales y temporales del ejercicio anterior coinciden con los que ya hemos visto. PERO OBSERVE: en el habla coloquial se dan equivalencias como las siguientes:

a) Si no comieras, *adelgazarías* = si no comieras, *adelgazabas*
b) Si hubiera ganado el equipo contrario, al árbitro le *habrían pegado* = Si hubiera ganado el equipo contrario, al árbitro le *habían pegado*
c) Si *hubiera ganado* el equipo contrario, al árbitro le *habrían pegado* = Si *gana* el equipo contrario, al árbitro le *pegan*

COMENTARIO AL EJERCICIO VI

Cuando en la condición aparece si + *subjuntivo*, en la lengua coloquial se dan con frecuencia las sustituciones siguientes:

1. **Imperfecto de indicativo** *(adelgazabas)* **en lugar de condicional simple** *(adelgazarías):* ejemplo a) de arriba.
2. **Pluscuamperfecto de indicativo** *(habían pegado)* **en lugar de condicional compuesto** *(habrían pegado):* ejemplo b).
3. **Presente de indicativo** *(gana, pegan),* tanto en la condición como en la oración principal, si la condición es claramente, irrealizable por referirse al pasado: ejemplo c).

VII. *A partir de las frases que se le dan, construya condicionales utilizando los esquemas normales y las posibilidades del cuadro anterior.*

Ej.: No tengo dinero y por eso no me compré el coche
—Si tuviera dinero, me compraría el coche
—Si tuviera dinero, me compraba el coche

1. No me quiere y por eso no me escribe
2. El cuadro no es auténtico y por eso no vale nada
3. No vino y por eso no lo vi
4. No tenía barba, y por eso no lo detuvo la policía
5. El teléfono es caro, y por eso no lo uso
6. No lo sabía y por eso vine
7. Dice muchas tonterías y por eso no lo escucho
8. Mide más de 1,60 y por eso irá a la mili

XVI
EL PERÍODO CONDICIONAL 3

RECAPITULACIÓN

EJERCICIOS

I. *Coloque los infinitivos de los paréntesis en los tiempos correspondientes, de forma que resulten períodos condicionales correctos:*

1. Si te (portar) ....bien, los Reyes te (traer) .... muchas cosas

2. Si Cristo no (resucitar) .... (ser) ....vana nuestra fe

3. —No (haber) .... tantas violaciones si las mujeres no (ser) .... tan descaradas.

   —Y si tú no (ser) .... tan machista (pensar) .... de otra manera
   —Como me (volver) ....a insultar, se lo (decir)........... a tu padre

4. No ha llegado aún la primavera, porque si (llegar) .... (sentir) .... en tu cuerpo nuevas fuerzas

5. Lázaro, me estás engañando: si no me (estar) ....engañando, (protestar) ....cuando yo cogía las uvas de dos en dos

6. —Quedamos en que me comprarías una bicicleta
   —Sí, pero siempre que (aprobar)....................todas las asignaturas

7. Si los jóvenes supieran la lata que dan los niños, nunca los (tener) ....

8. Si Atilano (trabajar) ....más (llegar) .... lejos, pero es un vago de siete suelas

9. Si no se te (ocurrir) ....aquel estúpido chiste, no nos (cerrar) .... la revista

10. Me (yo, comprar) ....el coche siempre que (aumentar, a mí) .... el sueldo

11. Como (tú, entrar) .... en ese partido, (despedirse) .... de nuestra amistad

12. Como el camionero no (llevar) .... el carné encima cuando lo detuvo la policía, se le (caer) .... el pelo

13. ¡Ay de ti, Rosendo, como me (traicionar)............. en Torremolinos!

14. (Nosotros, poder) .... pasar los millones a Suiza siempre que (estar) .... en la aduana ese amigo nuestro

15. (Yo, organizar) .... una cena de trabajo siempre que tú no (tener) .... inconveniente, pero ya veo que lo tienes

16. Si a las 10 no ha empezado la película, (yo, irme) .... [1]

17. Si a las 10 no hubiera empezado la película, (yo, irme)..............

18. Si no me (prestar) .... el dinero, habrás perdido un amigo

19. Si no me (prestar) ....el dinero, habrías perdido un amigo

20. Si le expusieras las cosas con claridad, quizá lo (convencer) ....

21. Si lo trataras con más cariño, probablemente no (estar) ...... tan enfadado

22. Si hiciese más calor, las plantas tal vez (crecer)............. más

23. Si comieras eso, ojalá (reventar) ....

24. Si alguien te preguntara qué llevas ahí, (decirle) .... que son revistas

25. Si de casualidad se te olvidara el número, (tú, poder) .... mirarlo en la guía

26. Si oyeras algo, no (contárselo).................... a nadie

II. *En cada una de las siguientes frases se dan dos formas verbales, una de indicativo y otra de subjuntivo. Diga cuál es posible en cada caso. Si lo son las dos, explique cuál es la diferencia entre las frases resultantes:*

1. Si me $\left\{ \begin{array}{l} quito \\ quitara \end{array} \right\}$ las gafas, no veo nada

2. Si me $\left\{ \begin{array}{l} hubieran \\ han \end{array} \right\}$ arreglado el coche, te llevaré a casa

3. Si no $\left\{ \begin{array}{l} cambias \\ cambiaras \end{array} \right\}$ de conducta cuando estás conmigo, serías una persona estupenda

1. Algunas posibilidades no han sido recogidas en el esquema básico de la página 95. Son éstas:
   1. Pluscuamperfecto de subjuntivo en la condición con valor de futuro (frase 17). Aparece cuando de ir en indicativo la condición llevaría pretérito perfecto (frase 16).
   2. Condicional compuesto en la oración principal con valor de futuro (frase 19). Aparece cuando de ir la condición en indicativo la oración principal llevaría futuro perfecto (frase 18).
   3. Los diversos tiempos de subjuntivo en la oración principal, posibilitados por partículas como *quizá, tal vez, probablemente, ojalá,* etc. (frase 20 y otras).
   4. Imperativo y ciertos tiempos de subjuntivo e indicativo en la oración principal, cuando ésta no recoge hechos hipotéticos, sino órdenes, peticiones, sugerencias, etc. (por ejemplo, frase 24).

4. Si Juan no $\left\{ \begin{array}{l} va \\ hubiera\ ido \end{array} \right\}$ a la reunión, probablemente se habría salvado

5. Como no $\left\{ \begin{array}{l} traes \\ traigas \end{array} \right\}$ el abrigo, vas a pasar mucho frío

6. Si $\left\{ \begin{array}{l} acababas \\ acabaras \end{array} \right\}$ pronto, todos los días te llevaba a casa

7. Me tomo un vino siempre que lo $\left\{ \begin{array}{l} pagas \\ pagues \end{array} \right\}$ tú

8. Como lo $\left\{ \begin{array}{l} dice \\ diga \end{array} \right\}$ el libro tienes que hacerlo

9. Les permito entrar siempre que me $\left\{ \begin{array}{l} traen \\ traigan \end{array} \right\}$ una orden judicial

10. Lo conozco como si lo $\left\{ \begin{array}{l} había \\ hubiera \end{array} \right\}$ parido[2]

11. Saco el paraguas por si $\left\{ \begin{array}{l} llueve \\ lloviera \end{array} \right\}$

12. Me trata como si $\left\{ \begin{array}{l} era \\ fuera \end{array} \right\}$ su criado

13. Estoy como si me $\left\{ \begin{array}{l} hubiera \\ había \end{array} \right\}$ comido un cerdo entero

14. La llevo al médico por si $\left\{ \begin{array}{l} es \\ fuera \end{array} \right\}$ necesaria la operación

III. *Con las parejas de elementos que se le dan, construya períodos condicionales (procure utilizar varios procedimientos distintos [3]):*

1. Poner el tiesto en la ventana - atarlo bien
2. Colaborar entre todos - salir de la situación
3. Plantear así el problema - no tener solución

---

2. Las construcciones COMO SI..., POR SI... de las frases 10-14 funcionan igual que los períodos condicionales con SI. Observe que POR SI puede llevar indicativo o subjuntivo, pero COMO SI, cuando es realmente comparativo, sólo subjuntivo, porque las frases que introduce son todas irreales, ninguna de ellas sucede en la realidad.

3. Hemos visto que pueden formarse condicionales utilizando SI, COMO, SIEMPRE QUE. En español hay también otros procedimientos. He aquí algunos:
   — **De + infinitivo:** *De haberlo plantado* ahí, se habría enfadado mi padre.
   — **Gerundio:** *Poniendo* un poco de interés, el español es fácil
   — **Participio:** *Puesto* en esa situación, yo no hubiera sabido reaccionar.
   — **En (el) caso de que, en el supuesto de que, dado que, a condición de que** (en todos los casos, + **subjuntivo**):

El martes estaremos en Suiza $\left\{ \begin{array}{l} \textit{en (el) caso de que} \\ \textit{en el supuesto de que} \\ \textit{dado que} \\ \textit{a condición de que} \end{array} \right\}$ en la aduana no nos *pongan* inconvenientes.

4. Idear una buena propaganda - poder vender la novela
5. No haber calor suficiente - encender la estufa
6. Hacer una promesa - quizá casarme contigo
7. Vivir tu padre - no ser tan libertina
8. Encontrar un sustituto - tal vez poder despedir a Bernardo
9. Venir conmigo - pasar con tranquilidad
10. Estar todos aquí - no haber nada que temer
11. Pensar leer ese libro - ojalá no encontrarlo

IV. *En los siguientes textos hay una serie de verbos en negrita. De ellos cuatro del primer texto y dos del segundo están mal empleados. ¿Cuáles son?.*

1. Viajar en aquel autobús era una aventura diaria. De no haberlo visto con mis propios ojos, no lo hubiera creído. Entre las virtudes más celebradas del cacharro, estaba su capacidad de transformación: si **hiciera** frío era una auténtica nevera, y si hacía calor, una verdadera parrilla. Pero para un niño como yo
5 resultaba muy divertido y, siempre que no **tuviera** prisa, me montaba en él. Recuerdo que un día sufrió una avería repentina. El cobrador y el conductor intentaron arreglarla:
—Corriente tiene. Si no la tuviera, no **funcionaba** el claxon. Y funciona.
—Espero que no sea de la caja de cambios, porque como **es** de la caja de
10 cambios, vamos a estar aquí hasta mañana.
—Ya me lo dijo mi mujer: Constancio, no te hagas cargo de esa línea si no **comprarán** otro autobús. Pero estaba loco con el empleo. Si **tengo** entonces la experiencia de ahora, me dedico a otra cosa. Eso seguro.
—Un momento. ¡Cómo no se me habría ocurrido antes!: es del carburador.
15 —No es del carburador. Lo he revisado personalmente antes de salir.
—Pues sí es del carburador, te lo digo yo. Si no es del carburador, me tiro al río[4].
—Y si es del carburador, yo me corto la cabeza. Me estás hablando como si **soy** un novato...
La discusión se prolongó un buen rato. Por fin el cobrador convenció al con-
20 ductor de que era del carburador. Y habrían procedido a desmontarlo si un pasajero no les **indica** tímidamente que unos metros más atrás, en medio de la carretera, podía verse claramente una de las piezas del motor del autobús.

---

4. En una frase como
si *encontráramos* agua, *estaríamos* salvados
el hablante enuncia la oración principal, **pero** le parece difícil o imposible que se cumpla la condición que la posibilita. En una frase como
si *es* del carburador, me *corto* la cabeza
el hablante formula la oración principal **porque** le parece difícil o imposible que se cumpla la condición. Es decir, la frase de arriba es una manera de afirmar que, contra lo que opina el oyente, no es del carburador. En estos casos el período entero va en indicativo.

2   Cuando nos encontramos en el bar, volvió a decirme que si tuviera dinero o encontrara a alguien que se lo prestara, se compraría[5] un piso. Yo no andaba muy sobrado de fondos, esa era la verdad, pero le **presté** unas perras de no estar convencido de lo mal pagador que era. Así que no sabía muy bien si debía

5   atender primero a la amistad o a mis propios intereses: «si le **prestarás** lo que necesita, te quedarás sin vacaciones», me decía una voz en mi interior; «si no se lo prestas, te habrás portado con él como un cerdo», respondía otra voz. Por fin llegué a tomar una decisión: le prestaría el dinero, pero siempre que me **firmara** un recibo con las condiciones que yo estableciera.

V.   *Conteste con un período condicional:*

Ej.:   —¿Jugarás conmigo?
        —Si tengo tiempo, jugaré un poco
        —Si tuviera tiempo, jugaría un poco

1.   ¿Votarás en las próximas elecciones?
2.   ¿Tomarás café después de comer?
3.   ¿Visitarás Andalucía?
4.   ¿Irás a la luna cuando sea posible?
5.   ¿Tomarías droga alguna vez?
6.   ¿Serías partidario de un gobierno constituido sólo por mujeres?
7.   ¿Te casarías con un calvo?
8.   ¿Te quedarás esta noche en casa?
9.   ¿Irás a tu país el próximo sábado?
10.   ¿Vivirías en una isla desierta durante un año?

---

5.   Pese al cuadro de la pág. 95 *tuviera, encontrara, compraría* están bien empleados pues, aunque mirados desde el momento actual se refieren al pasado, vistos desde el verbo principal —que es el que cuenta aquí— se refieren al presente y al futuro: *tener* es simultáneo de *decir*, y *encontrar* y *comprar* son posteriores.

EJERCICIOS CON VERBOS Y PARTICIPIOS IRREGULARES

I. *Sustituya los infinitivos por la forma verbal adecuada:*

1. Hoy no (estar) para bromas
2. Hasta que no (hacer) buen tiempo no (salir) de casa.
3. (Ellos, sentir) mucho que (tú, irte) tan pronto.
4. En cuanto se metió en la cama (dormirse).
5. María (tener) mucho dinero, pero no (poder) conservarlo.
6. ¿Qué (vosotros, hacer) ayer?
7. (Yo) ayer (venir) a esta playa, pero no (poder) bañarme porque no (traer) traje de baño.
8. Ayer no estudiamos; pero no porque no (querer), sino porque no (poder).
9. Si (yo tener) dinero (yo, poner) un bar.
10. Ayer (yo, conducir) un coche deportivo.
11. (Cerrar, tú) la puerta, por favor, que siempre la (cerrar, nosotros).
12. Es un sinvergüenza: (él, perder) continuamente el tiempo y ayer (él decirme) que (yo) no (perderlo).
13. ¿Cuánto dices que (costar) ese piso? No creía que (costar) tanto.
14. Es un perro muy cariñoso, no creo que te (morder) aunque no (conocerte).
15. Tiene muy mal carácter. (El, reñir) a todo el mundo por cualquier tontería.
16. A enemigo que (huir), puente de plata.
17. Estoy muy cansado, porque ayer (andar) mucho.
18. Ojalá (él, saber) contestar a todas las preguntas del examen.
19. No (querer) que un hijo mío (ser) torero.
20. (Oír) usted, caballero. ¿Dónde (haber) un estanco?

II. *Los verbos que van a continuación tienen dos formas de participio. Díganos cuáles son y construya una frase con cada una de ellas:*

atender	soltar	bendecir	prender
confundir	imprimir	elegir	distinguir

XVII
COMPARATIVO Y SUPERLATIVO 1

A. Los superlativos.

Observe las formas subrayadas:

1. Tienen un hijo *alto*
2. Tienen un hijo *muy alto*
3. Tienen un hijo *alto alto*
4. Tienen un hijo *altísimo*

Y RECUERDE

Los tres medios más frecuentes de expresar los superlativos en español son:

    a) el adverbio *muy* seguido del adjetivo: *muy alto*

    b) La repetición (dos veces) del adjetivo: *alto alto*. Se usa preferentemente en lenguaje coloquial, para imprimir mayor expresividad y afecto a la frase.

    c) La terminación *-ísimo* añadida al adjetivo: *altísimo*.

    I. *Forme superlativos con las palabras subrayadas:*

1. Estuve en casa de los Pérez y me parecieron *cordiales*
2. Han escrito un artículo *breve* sobre la situación política del país
3. Este hijo tuyo es *listo*
4. Ahora los profesores ponen unos exámenes *difíciles*
5. Se compraron una casa *grande* y ahora no tienen con qué pagarla
6. Mi hijo tiene un compañero de clase *bajo*

7. ¡Nos han puesto un examen *fácil!*
8. Tienen un amigo que es *inteligente*
9. José María con ese bigote está *guapo*
10. Les ha nacido un niño que es *moreno*

Ahora observe las frases siguientes:

1. María es guapa
2. María es muy guapa
3. María es guapísima
4. María no es (muy) guapa; es guapísima
5. María no es muy fea; pero tampoco es muy guapa que digamos

---

COMENTARIO

→ En general puede decirse que *altísimo* tiene un carácter **más culto** y es **menos frecuente** que *muy alto.* Si ambos se oponen y el hablante dispone libremente de ellos, *altísimo* se siente como **más intensificador** que *muy alto,* de modo que:

una muchacha guapísima

es más atractiva y más bella que

una muchacha muy guapa.

→ Para la negación del superlativo las formas con *-ísimo* no se usan; en su lugar se utiliza la fórmula *muy + adjetivo.*

II. *Forme superlativos con los adjetivos subrayados:*

1. Es *tonto* hablar de ese tema en estas condiciones
2. Ana suele devolver las cosas que le prestas *llenas* de suciedad
3. Sus dedos permanecieron *aferrados* a su *suave* piel
4. Este niño es *grande*
5. El novio de Julia no es *listo* que digamos
6. No es *fácil* encontrar políticos de su talla
7. Nos pusieron un café *cargado*
8. Siempre que se lo propone me hace creer que no estamos *equivocados* (del todo).
9. Estos ejercicios no son *sencillos*
10. Decir que Echegaray no es un escritor *bueno* no es ninguna tontería
11. Es una buena secretaria, pero no es *eficaz*

B. Los comparativos.

Atienda a las siguientes construcciones:
1. Jorge tiene *más* dinero que Emilio.
2. Emilio tiene *menos* dinero *que* Jorge
3. Jorge tiene *tanto* dinero *como* sus hermanos
4. Jorge está *tan* gordo *como* su padre

Y RECUERDE

Las estructuras comparativas en español se construyen de acuerdo con los siguientes esquemas:

Superioridad: MÁS.....QUE
Inferioridad: MENOS.....QUE
Igualdad: TAN.....COMO (cualidad)
TANTO, TANTA, TANTOS, TANTAS.....COMO (cantidad)

III. *Construya fórmulas comparativas con los elementos que le proporcionamos:*

1. Pedro es / hábil / Juan
2. Con la noticia se quedaron / atónitos / vosotros
3. La casa resultó / cara / un palacete
4. Con el tiempo, llegaremos a ser / ricos / March
5. Demostró en el campeonato / preparación / sus contrincantes
6. Tiene / años / el resto de sus amigos
7. Llegaron a la meta / tarde / en años anteriores
8. Poseen muchas / fincas / sus parientes
9. Como orador vale / todos los que le rodean
10. Cree / en los catedráticos / en cualquier otra persona

Observe las equivalencias:
1. Este circo es *más grande que = mayor que* el Price
2. No sé qué ha pasado, pero el viaje de paso del Ecuador ha sido *más malo que = peor que* el del año pasado
3. El café portugués, según algunos, es *más bueno que = mejor que* el que se compra en España
4. El piso que ha comprado Juan es *más pequeño que = menor que* el de su hermano
5. El grado de sargento es *más bajo que = inferior al* de capitán
6. El empleo que ha conseguido mi hijo es *más alto que = superior al* que ha conseguido el tuyo.

IV. *Construya fórmulas comparativas con estos elementos:*

1. Ha conseguido un puesto que sin duda alguna es / bajo / el que tenía
2. El chalé está edificado con unos materiales / buenos / los de la casa
3. Estas zapatillas son muchísimo / malas / las que tiré ayer
4. Sólo han podido pasar los oficiales de rango / alto / el de coronel
5. Esos almacenes son bastante / grandes / los que construyeron en Zamora
6. Ahora fabrican unas motos / pequeñas / la que yo tengo

Estudie atentamente estas frases:

1. La merluza está MÁS / MENOS cara QUE los boquerones
2. Han llegado MÁS / MENOS DE la mitad de los invitados
3. Desparecieron MÁS / MENOS DE dos mil hombres
4. El viaje salió MÁS / MENOS caro DE lo previsto
5. Tras el derrumbamiento de la galería no han sobrevivido MÁS DE 20 mineros
6. Tras el derrumbamiento de la galería no han sobrevivido MÁS QUE 20 mineros

> → Existe una diferencia de significado entre NO MÁS DE y NO MÁS QUE
>
> a) **no más de** equivale a *'como máximo'*
>   No han venido más de diez personas a la fiesta =
>   Han venido como máximo diez personas a la fiesta.
> b) **no más que** significa *'solamente'*
>   No han venido más que diez personas a la fiesta =
>   Han venido solamente diez personas a la fiesta.

V. *Rellene los huecos con* QUE O DE. *Si son posibles los dos, explique la diferencia de significado:*

1. Este pescado es más fresco ..... el que compramos ayer
2. Era peor .... lo que decían
3. Tiene el alma más negra ...... el carbón
4. Este libro es mejor .... lo que algunos piensan
5. Quienes quieran más ... lo que se les da, que lo pidan
6. Tengo 25 ptas., pero necesito 20; por tanto no puedo prestarte más .. cinco
7. Resultaron menos hipócritas .... lo que la gente se creía
8. Los extranjeros que han venido este año se han quedado más atónitos .. lo que se quedaron los que vinieron el año pasado
9. No lo hará si le pagas menos ..... quinientas pesetas
10. Es mucho menos educado .... los que viven con él
11. Ha nevado más ..... lo que se esperaba
12. En el examen entraba menos ..... lo estudiado
13. Era menos importante ..... lo que parecía
14. Nos cobraron menos ... lo indicado en la tarifa de precios
15. Sois más tontos ..... lo que yo me pensaba
16. Sí señor, ese mueble es menos antiguo .... los que vio usted ayer, pero también es más barato
17. Le llegó su hora más temprano .... lo que la gente se imaginaba
18. He recorrido más .... las tres cuartas partes del mundo
19. Ya ni sé cuánto le debo, pero sé que no pueden ser más .... 2.500 ptas.
20. De la expedición no se salvaron más .... doce personas
21. Pedí veinte impresos, pero no me dieron más .... diecisiete
22. En ese cursillo no admiten más ..... veinticinco alumnos
23. No hemos podido echar más .... cuarenta litros de gasolina

24. A mi clase no asisten regularmente más ..... veinte o veinticinco jóvenes

25. Sí, de acuerdo, pero es que usted no ha hecho más ..... molestarme

VI. *Transforme las siguientes oraciones en otras negativas de idéntico significado:*

1. Al Everest solamente han subido diez hombres
2. Los zapatos te costarán tres mil pesetas como máximo
3. Su trabajo le ocupó solamente doce folios
4. Como máximo habrá publicado cinco libros
5. Como máximo, se habrá estudiado la lección tres veces
6. En España sólo recogieron a dos mil exiliados
7. Desde que estoy aquí han llegado como máximo diez personas
8. Desde que estoy aquí han llegado solamente diez personas

XVIII
COMPARATIVO Y SUPERLATIVO 2

Observe con atención las siguientes frases:

1. Los Estados Unidos consumen gasolina $\}\rightarrow$
   Los Estados Unidos producen gasolina
   Los Estados Unidos producen menos gasolina DE LA QUE consumen

2. Los Estados Unidos consumen gasolina $\}\rightarrow$
   España produce gasolina
   Los Estados Unidos consumen más gasolina DE LA QUE España produce

3. Los Estados Unidos consumen gasolina $\}\rightarrow$
   España consume gasolina
   Los Estados Unidos consumen más gasolina QUE España

4. Los Estados Unidos consumen gasolina $\}\rightarrow$
   Los Estados Unidos consumen petróleo
   Los Estados Unidos consumen más gasolina QUE petróleo

5. Los Estados Unidos consumen gasolina $\}\rightarrow$
   Los Estados Unidos producen petróleo
   Los Estados Unidos consumen más gasolina QUE petróleo producen

6. Los Estados Unidos consumen gasolina $\}\rightarrow$
   España consume petróleo
   Los Estados Unidos consumen más gasolina QUE España petróleo

---

COMENTARIO

Suele aparecer DEL QUE, DE LA QUE, DE LOS QUE, DE LAS QUE cuando la oración comparativa proviene de dos frases que reúnan las siguientes condiciones:
   a) que los complementos directos sean idénticos
   b) que los verbos sean distintos (o estén en distinto tiempo) (frases 1 y 2).

En el resto de los casos lo normal es la aparición de QUE

I. *De acuerdo con los esquemas de antes, reúna cada pareja de frases en una oración comparativa:*

1. Los poetas de hoy escriben libros }⟶
   Los poetas de hoy publican libros }

2. Los poetas de hoy escriben artículos }⟶
   Los poetas de hoy escriben libros }

3. Los socialistas consiguieron votos }⟶
   Los comunistas esperaban conseguir votos }

4. Ahora tienen dinero }⟶
   Suelen tener dinero }

5. Aparenta valentía }⟶
   Debería aparentar valentía }

6. Los atletas queman en un día calorías }⟶
   Nosotros quemamos calorías en una semana }

7. Llegaron a obtener favores }⟶
   Merecían favores }

8. Heredaron fortuna }⟶
   Les correspondía fortuna }

9. Compraron coches }⟶
   En la tienda había coches }

10. Necesitaban toallas }⟶
    Les regalaron toallas }

11. Recibían paquetes }⟶
    Enviaban paquetes }

12. Yo bebo vino }⟶
    Vosotros bebíais vino }

13. Fabricaban bolígrafos }⟶
    Les robaban bolígrafos }

14. Construye casas baratas }⟶
    Edifica chalés caros }

15. Expuso cuadros }⟶
    Había dibujado cuadros }

16. Los poetas de hoy comen naranjas }⟶
    Los poetas de ayer comían naranjas }

17. Ahora heredan fortuna }⟶
    Antes heredaron fortuna }

18. Este comerciante vende camisas }⟶
    Este comerciante vendía camisas }

Estudie atentamente estas frases:

1. María es tonta
   María cree que es tonta } →

   María es más tonta DE LO QUE ella cree

2. Pedro trabaja
   Tú piensas que Pedro trabaja } →

   Pedro trabaja menos DE LO QUE tú piensas

3. Ha nevado mucho
   Se esperaba que nevara } →

   Ha nevado más DE LO QUE se esperaba

4. Son hipócritas
   La gente dice que son hipócritas

   Son menos hipócritas DE LO QUE la gente dice

5. Quedaron cansados
   Al principio estaban cansados } →

   Quedaron más cansados DE LO QUE estaban al principio

COMENTARIO

→ **Suele aparecer** DE LO QUE cuando la oración comparativa procede de dos frases, la segunda de las cuales integra (con QUE) a la primera (frases 1, 2, 3 y 4)*, o cuando los atributos son idénticos y los verbos diferentes (frase 5).

II. *De acuerdo con los esquemas de antes, reúna cada pareja de frases en una sola oración comparativa:*

1. Era importante
   Parecía importante } →

2. Era malo
   Decían que era malo } →

3. Su hora le llegó temprano
   La gente imaginaba que su hora le llegaría temprano } →

---

* Es decir, de dos frases que reúnan las dos condiciones siguientes:
    a) que los verbos sean distintos (frases 1, 2, 3 y 4).
    b) que el complemento directo de la segunda frase sea la primera frase.
Observe qué es en realidad lo que pasa:
    María es tonta
    María cree ser tonta → *María lo cree* } → *María es más tonta de lo que cree.*

4. Aquel día resultaron agraciados
   Habitualmente eran agraciados } →

5. En su juventud era feliz
   Ahora, en su vejez, es feliz } →

6. Normalmente eres guapa
   Esta tarde estás guapa } →

7. En Salamanca llueve
   En Salamanca nieva } →

8. Trabajamos
   Descansamos } →

9. Ahora no salgo (mucho)
   Antes salía (mucho) } →

10. Hoy has llegado temprano
    Yo quería que llegaras temprano } →

11. Este comerciante vende
    Este comerciante compra } →

12. Este comerciante vende camisas
    Este comerciante compra camisas } →

13. Este comerciante vende
    Este comerciante vendía } →

14. Yo como
    Yo bebo } →

15. Las niñas juegan
    Las niñas estudian } →

16. Era lista
    Parecía lista } →

17. Es bastante inteligente
    Sus padres opinan que es inteligente } →

18. Su comportamiento es bueno
    A primera vista, su comportamiento parecía bueno } →

19. Estos cuadros son bonitos
    Yo me había imaginado que estos cuadros eran bonitos } →

20. Bebe mucho vino
    Beberá vino en el futuro } →

21. (Actualmente) se enfada
    (En el pasado) se enfadaba } →

Preste atención a estas estructuras:

1. La ballena es EL animal $\left\{ \begin{array}{c} \text{MÁS} \\ \text{MENOS} \end{array} \right\}$ pesado $\left\{ \begin{array}{l} \text{DEL mundo} \\ \text{QUE existe} \end{array} \right\}$

2. La ballena es EL $\left\{ \begin{array}{c} \text{MÁS} \\ \text{MENOS} \end{array} \right\}$ pesado [1] $\left\{ \begin{array}{c} \text{DE} \\ \text{ENTRE} \end{array} \right\}$ los animales $\left\{ \begin{array}{l} \text{DEL mundo} \\ \text{QUE existen} \end{array} \right\}$

Y RECUERDE

Con las estructuras comparativas similares a las expuestas singularizamos la mayor intensidad o expresamos la intensificación máxima con que se da una cualidad en uno o varios miembros de un grupo.

III. *Forme estructuras comparativas singularizadoras con los elementos que le ofrecemos:*

1. Eutimio hombre / feo / mundo
2. El clavel / aromático / flores
3. El hombre / tonto / seres terrestres
4. Esto / bueno / he visto en mi vida
5. Ulises / astuto / héroes
6. Enterraron al anarquista en / lo hondo / la fosa común
7. Los nadadores españoles / González / famoso
8. Genial / escritores de lengua española / Cervantes
9. Pintores / surrealistas / Picasso
10. Esta es la mandíbula humana / antigua / hemos encontrado
11. Juan José / inútil / hemos conocido

IV. *Forme todos los superlativos posibles con los adjetivos subrayados de las siguientes frases:*

1. A pesar de ser *joven*[2] tiene sus ideas *claras*

---

1. En este caso, este adjetivo debe concordar en género con el sustantivo que va detrás de las preposiciones DE O ENTRE.
2. El superlativo de *joven* es *jovencísimo.*

2. Me consta que Ladislao es *hablador*[3]

3. Y tienen una habitación *amplia* donde colocarán el estante de los libros

4. Los Celtas vienen ahora *vacíos*[4]

5. No conozco ningún francés que sea *aficionado* a los toros

6. Juan y Berta son una pareja *agradable*[5] de verdad

7. Siempre que lo vemos lleva el traje *sucio*

8. En la discoteca hemos oído una música *buena*[6]

9. Hemos comprado carne *tierna* y pescado *fresco*[6]

10. Lo que te estoy contando es *cierto*

11. Ahora no encienden la calefacción en los cines y están *fríos*

12. Ese torero no se acobarda: es un tío *valiente*

13. Es un hombre *fuerte:* echó un pulso con Juanjo y le ganó

14. Me dijo que Carmen era una muchacha *amable*, pero conmigo se portó fatal

15. Antonio está *puesto* en matemáticas

16. Su padre vivió *engañado* hasta el final

17. Me he comprado un tocadiscos de segunda mano que está *nuevo*

18. Antonio sigue siendo *burlón* con las mujeres

19. Se ha comprado una tela *tiesa*

V. *Explique el sentido de los términos subrayados:*

1. Es un desgraciado: siempre se ha relacionado con *archipobres*[7]

2. Son del partido más *ultraprogresista* del país

3. Es *superlisto:* consiguió entender este libro a la primera

4. Estas espinacas están *requetebuenas*

5. Ahora tienen un coche *extragrande* que les gasta más de 13 litros

6. ¡Ese tío es *listo de verdad!*[8]

---

3. Los adjetivos que acaban en *-ón, -or* para formar el superlativo añaden o bien *-ísimo (habladorísimo),* o bien *-císimo (habladorcísimo).*

4. Si el adjetivo termina en *-io,* desaparece la *-o* y se añade directamente *-ísimo,* pero si termina en *-io* desaparecen la *-i-* y la *-o (amplísimo).*

5. Los adjetivos que acaban en *-ble* hacen el superlativo en *-bilísimo.*

6. Existen adjetivos que presentan *-ue-, -ie-* en la forma positiva y *-o-, -e-* en la forma superlativa con *-ísimo (bonísimo, ternísimo).* Pero en el habla coloquial son muy frecuentes los casos en que el superlativo presenta igualmente *-ue-, -ie-,* de modo que lo normal es oír:
   una música buenísima
   una carne tiernísima

7. Otro medio de expresión de los superlativos son los *prefijos.* Su uso en español no es muy frecuente, y muchos de ellos *(archi-, extra-, ultra-)* tienen un uso culto y libresco exclusivamente, mientras que otros *(re-, rete-, requete-, super-)* pueden aparecer en el habla coloquial, todos como sinónimos de *muy + adjetivo* o de *adjetivo + ísimo.*

8. Expresiones como *de verdad, con ganas, de narices,...* cuando van detrás del adjetivo intensifican la cualidad significada por el adjetivo y equivalen a un superlativo del tipo *muy + adjetivo.* Tales expresiones son frecuentes en el habla coloquial y suelen emplearse con entonación exclamativa o admirativa.

7. Son *caras de narices* las máquinas de escribir eléctricas
8. Desde que le dijeron que era inteligente se ha vuelto presumido *con ganas*
9. Ese amigo tuyo que me presentaste ayer es *tonto de remate*

VI. *Observe las siguientes frases:*[9]

1. ¡Estás más buena que el pan!
2. Tiene más hambre que el gato de la emisora (que se comía el disco y cantaba la Raspa).
3. Estamos más liados que un dedo malo
4. Estoy más nervioso que un flan / (Estoy como un flan)
5. Tiene más moral que el Alcoyano
6. Eras más desgraciado que el Pupas, que se cayó de espaldas y se partió la nariz
7. Eres más desgraciado que el Pirindolo, que compró un circo y le crecieron los enanos.
8. Tengo menos dinero que el que se está bañando

9. En el habla coloquial se dan unas estructuras comparativas de mucho uso y constante creación. En realidad no son comparaciones, sino exageraciones, hipérboles con las que se trata de intensificar y comparar una realidad con otra que ya es previamente conocida y cuyas excelencias o cualidades son de sobra sabidas. Muchas de ellas tienen carácter de frases hechas. Su estructura formal consiste en lo siguiente:

$\left\{\begin{array}{l}\text{más}\\\text{menos}\end{array}\right\}$ + $\left\{\begin{array}{l}\text{adjetivo}\\\text{nombre}\end{array}\right\}$ + que + el nombre de la cosa de todos conocida

XIX
PRONOMBRES PERSONALES 1

A. Pronombres personales de sujeto

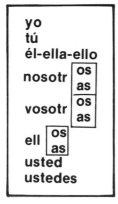

Observe cómo en las frases siguientes hemos suprimido los pronombres personales de sujeto:

1. ~~Yo~~ espero a mis padres, y por eso ~~yo~~ estoy haciendo tiempo
2. ~~Yo~~ supongo que ~~yo~~ ya no tengo más dinero

RECUERDE

Las terminaciones personales de la conjugación verbal española hacen **innecesario,** generalmente, **el uso del pronombre personal sujeto.**

I. *Construya frases con estas palabras:*

1. ¿(Tú)-querer-venir-aquí?
2. (Él)-abrir-la puerta-y (él)-entrar-en-la habitación
3. (Nosotros)-llegar-a-la ciudad-y-(nosotros)-ir-a-la catedral

4. (Yo)-cenar-y-(yo)-irme-a-la cama
5. (Yo)-creer-que-(tú)-no-haber llegado

Observe la última frase. Si es correcta
   Creía que no habías llegado
también puede serlo
   yo creía que *tú* no habías llegado
Igualmente son correctas
1. Si tú quieres ir, *yo* no
2. Creo que la profesora soy *yo*, ¿no?
3. Las botellas las ha traído *ella*
4. *Yo* soy quien ha dicho eso, ¿qué pasa?
5. ¿Conoces a mis tíos? *Él* es médico, y *ella* trabaja en la industria
6. *Yo* tengo dos hijos, y *él*, cuatro
7. ¿Habla *usted*[1] inglés?

En la frase 1 aparece obligatoriamente el pronombre *yo* porque falta el verbo *(quiero)* al que lógicamente acompaña.

Fíjese: en las frases 2, 3 y 4 aparecen los pronombres *yo, ella* y *yo* porque son sujetos que queremos hacer resaltar. En las dos primeras, además, cambia por ello el orden oracional; en la última utilizamos la fórmula *yo soy quien...*, que también sirve para destacar el sujeto.

En la frase 5 utilizamos *él* y *ella* porque de no hacerlo no podríamos saber quién es el médico y quién trabaja en la industria.

En la frase 6 usamos los pronombres *yo* y *él* porque deseamos establecer un contraste entre lo que le sucede a uno y a otro. Además, y como ya hemos visto para la frase 1, es necesario que aparezca *él*, ya que no existe un verbo que le acompañe explícitamente.

En la frase 7 utilizamos el pronombre *usted* por una doble razón: en primer lugar, porque la frase *¿habla inglés?* es, en principio, ambigua (el sujeto puede ser, además de *usted*, *él* o *ella);* en segundo lugar, porque la presencia de usted refuerza el carácter de respeto que tiene la tercera persona cuando se dirige a un inter-locutor (o interlocutores).

RECUERDE

→ Los **pronombres personales de sujeto aparecen** cuando creemos que **el sujeto informa y es la parte fundamental** de lo que queremos decir. Esto sucede cuando el verbo a que acompaña desaparece por ser idéntico a otro anterior, cuando se **resalta el sujeto,** cambie o no el

---

1. La elección entre *tú* y *usted* se hace teniendo en cuenta, aproximadamente, las *diferencias de edad* y *de situación social, profesional o económica.* Es más fácil pasar al *tuteo* cuando estas últimas son las únicas que existen. Entre los jóvenes se observa una clara tendencia al incremento y generalización del uso del *tú.*

orden oracional, cuando existe el peligro de que se produzcan **confusiones** y cuando se quieren establecer **contrastes** entre personas.

→ **Usted** y **ustedes** son **muy frecuentes** como sujetos. Su uso entraña una clara insistencia en sus diferencias con *tú* y *vosotros (as):*

¿Quieres pasar? / ¿Quiere pasar? / ¿Quiere usted pasar?

II. *Construya frases con las siguientes palabras, utilizando o no los pronombres sujeto según crea conveniente:*

1. (Vosotros)-no-me-decir-mentiras-por favor
2. (Tú)-confiar-mucho-en-la gente; (yo)-no
3. Las niñas-estar jugando; (ellas)-correr-por el jardín, (ellas)-saltar, (ellas)-cantar- y- (ellas)-reír
4. (Yo)-no creer-que-(tú)-tener-razón
5. (Yo)-viajar-por-toda España-pero-(yo)-todavía-no-conocerla
6. (Tú)-hacerlo-pero-(yo)-no
7. (Yo)-saber-que-el tonto-ser-(tú)
8. (Yo)-no saber-que-el padrino de la boda-ser-(tú)
9. Los puros-los-comprar-(yo)
10. Es graciosa esa pareja: (él)-no-abrir-la boca-y-(ella)-no parar-de hablar
11. (Yo)-comer-pollo-y-(ellos)-pescado
12. ¿Venir-(usted)-conmigo?

★ ★ ★

B. Pronombres de complemento directo y atributivos

	a mí	me
	a ti	te
a usted	a él	lo - le
	a ella	la
	a nosotros, as	nos
	a vosotros, as	os
a ustedes	a ellos	los
	a ellas	las

NEUTRO
LO

Observe estas transformaciones:

Traigo el dinero ——►LO traigo
Traigo la cartera ——►LA traigo
Traigo los vasos ——►LOS traigo
Traigo las copas ——►LAS traigo

Conozco a tu hermano ——► LO / LE conozco

Conozco a tu hermana ——►LA conozco
Conozco a tus padres ——►LOS conozco
Conozco a tus tías ——►LAS conozco

Vale mil pesetas ——►LAS vale
Mide mil metros ——►LOS mide

Sé que estás ahí ——►LO sé
Luis es inteligente ——►LO es
Ana es española ——►LO es
Tu y yo somos españoles ——►LO somos
Ana y Luisa son cubanas ——►LO son
Ellos parecen listos ——►LO parecen
Ana y Juan están enfermos ——►LO están

RECUERDE

——► Las formas pronominales de **acusativo** valen por **complementos directos,** de **precio** y de **medida.**

——► El pronombre **neutro** LO sustituye **verbos** o **frases completas** y también **atributos** (con los verbos *ser, estar y parecer*).

III. *Transforme las siguientes frases así:*

Me dio la llave ——► Me *la* dio

1. Escribió la carta en un santiamén ——►
2. Te regalará el coche que compró el año pasado ——►
3. Este abrigo no puede costar 100.000 ptas. ——►
4. Esta finca mide 80.000 metros cuadrados ——►
5. Estaba esperando a su amiga ——►
6. No he visto a tu primo ——►
7. ¿Conoces a mis padres? ——►

8. Ha comprado el coche que vimos ayer →

9. No aprecia nada a sus profesores →

10. Me regaló su reloj →

11. Me ha dicho que vendrá pronto →

12. Sabía que era rico →

13. Me preguntó si sabía dónde estaba la catedral →

14. Es muy simpático →

15. Luisa y Teresa son andaluzas →

16. Pareces cansado →

17. No estoy seguro →

18. César y yo estamos solteros →

19. Era muy aficionado a la música →

20. Parecían muy contentas →

C. Pronombres de dativo

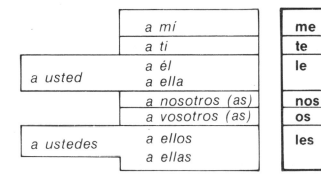

	a mí	**me**
	a ti	**te**
a usted	a él / a ella	**le**
	a nosotros (as)	**nos**
	a vosotros (as)	**os**
a ustedes	a ellos / a ellas	**les**

IV. *Escriba en una hoja dos cosas que le gusten, y ponga esa hoja de manera que sus compañeros la puedan ver. El profesor (y los alumnos) pregunta entonces qué es lo que le gusta a cada uno de los alumnos. Usted debe responder siguiendo el esquema siguiente:*

(a mí)	me		
(a usted)	te	GUSTA	el café
(a nosotros)	le	GUSTAN	que me escuchen
(a ella)	nos		la música
.	.		los toros
.	.		las morenas
.	.		

V. *Construya frases con estas palabras, utilizando pronombres de dativo en vez de los grupos subrayados:*

1. Luis-comprar-el coche-*a mi hermana* ⟶ Luis *le* compró el coche
2. Ana-dar-gracias-*a nosotros* ⟶
3. Juan-ordenar-*a mí*-que viniera ⟶
4. Ella-ofrecer-*a usted*- dos mil ptas. ⟶
5. El-vender-*a Luisa*- el cuadro ⟶
6. Su padre-exigir-*a ellas*-que estudiaran más ⟶
7. Yo-llevar-las maletas-*a mis padres* ⟶
8. El-dejar-la novela-*a ti* ⟶
9. El ladrón-robar-la cartera-*a él* ⟶
10. Yo-ordenar-*a ustedes*-que no lloraran ⟶
11. El-preguntar-*a ella*-si sabía nadar ⟶
12. Andrés-pedir-*a Joaquín*-sus señas ⟶
13. Yo-aconsejar-*a usted*-que venga ⟶
14. Nosotros-alquilar-el piso-*a tus primas* ⟶
15. El-prohibir-fumar-*a todos nosotros* ⟶

Los grupos subrayados en el ejercicio precedente desempeñan en cada oración la función de complemento indirecto. Los pronombres de dativo valen por estos complementos indirectos.

Observe, sin embargo, en las frases siguientes, cómo los pronombres de dativo pueden tener otros valores:

1. *Me* han manchado la chaqueta
   Se *le* averió el coche
2. A mi marido *me* lo mataron en la guerra
   No *me* toquéis ese reloj, que es de mi padre
3. Se *le* aproximó y le saludó

Vea como en las frases de (1) el pronombre subrayado indica quién es *el poseedor* de lo que señala el complemento directo *(la chaqueta)* o el sujeto *(el coche)*. Me y le son, por ello, **dativos posesivos.**

En las frases de (2) el pronombre subrayado no es estrictamente necesario. Con él se llama la atención sobre la persona o personas afectadas o especialmente **interesadas** por la acción que expresa el verbo. Me es, en estas frases, un **dativo ético.**

El pronombre subrayado en (3) equivale a otra expresión *(hacia él, hasta él)* que indica **dirección** de un movimiento.

VI. *Los pronombres subrayados en las frases siguientes son dativos posesivos, dativos éticos o dativos de dirección. Reconózcalos.*

1. Acaban de partir*me* la cara
2. No *me* molestéis a esa señora, hombre
3. Cuando me enfado, *me* suda la frente
4. *Le* retiré las maletas
5. Se *me* ha roto el pantalón
6. Voy a hacerte una fotografía, así que no te *me* muevas
7. Ya *te* he visto el coche. Es muy bonito
8. ¿Pregunta usted por mi hija? *Me* la han detenido por una tontería

D. Combinación de acusativos y dativos pronominales.

Observe. Si yo sustituyo el complemento directo y el complemento indirecto por los correspondientes pronombres de acusativo y dativo

Me regaló a mí un reloj ⟶ *Me lo* regaló

debo tener en cuenta que el orden de colocación es dativo-acusativo.

Si ambos son de tercera persona[2], como en

Le regaló a Juan un reloj ⟶ *Se lo* regaló

hay que tener en cuenta que el pronombre de dativo se transforma siempre en *se.*

2. O también cuando el dativo corresponde a *a usted* o *a ustedes.*

VII. *Vuelva al EJERCICIO V. Sustituya ahora, a la vez, el complemento directo y el indirecto por los correspondientes pronombres de acusativo y dativo.*

1. Luis-comprar-el coche-a mi hermana → Luis *se lo* compró
2.
3.
.
.
.

Observe cómo estas transformaciones son incorrectas:

Luis-comprar-*el coche-a mi hermana* → ~~La~~ compró el coche
Luis-comprar-*el coche-a mi hermana* → Se ~~le~~ compró
Ella-dar-*a usted*-100 ptas. → ~~Lo~~ dio 100 ptas.
Ella-dar-*a usted-100 ptas.* → Se ~~los~~ dio

COMENTARIO AL EJERCICIO VII

→ Recibe el nombre de *leísmo* el uso de las formas *le* y *les* en vez de las correspondientes de acusativo *lo* y *la, los* y *las.* El uso de *le* como acusativo singular masculino y de persona es general, incluso en la lengua culta, en amplias zonas hispanohablantes.

→ El *laísmo* es el uso de *la* o *las* cuando debería utilizarse *le* o *les;* el *loísmo* es el empleo de *lo* o *los* en vez de *le* o *les.* Es habitual el leísmo tras *se impersonal,* al menos en singular:

Se vio al niño → *Se le* vio

VIII. *Los pronombres subrayados están utilizados de modo incorrecto. Diga por qué:*

1. Estas flores *le* las he regalado yo
2. Soy el mejor; se *los* digo yo
3. A usted no *lo* digo yo ni una palabra
4. Ayer estuvimos con tus primas, pero hoy no *les* hemos visto
5. A Juan *la* quiere todo el mundo
6. *La* recomendé a Ana que viera esa película
7. No me hables de esa chica; como *le* vea *la* voy a decir cuatro cosas

E. Colocación de los pronombres personales de dativo y acusativo.

Examine estas frases:

1. *Le vieron* en Portugal
   Nos reconocerán pronto
   Me lo han dicho
   Quiero que *se lo digáis*

2. No necesito *verlo*
   Mirándola, me siento feliz

3. Vete, por favor
   Dígame qué pasa

4. *Me lo quería decir - Quería decírmelo*
   Va a verla - La va a ver
   Está mirándome - Me está mirando

RECUERDE

Los pronombres de dativo y acusativo, y también *se*, **se posponen** únicamente:

— al verbo en **infinitivo** y **gerundio**
— al verbo en **imperativo afirmativo**
— **opcionalmente,** a un verbo en infinitivo o gerundio cuando éstos van tras un **auxiliar** (*querer, poder, deber, soler, estar,* etc).
   o forman parte de una **perífrasis** (*ir a, tener que,* etc).

IX. *En las frases siguientes faltan los pronombres de acusativo y dativo. Coloque los apropiados en los lugares convenientes:*

1. .... di .... qué te han contado
2. .... esperad .... en la puerta
3. .... envíen....... tres botellas de vino tinto
4. .... escribe .... cuando puedas
5. ¡Qué simpático es Adolfito! ..... ver .... es ....querer.........
6. Se emocionaba .... cantando......... tangos a sus amigos
7. La policía ... está .... persiguiendo....... por ladrón
8. Querías conocer a mi suegra, ¿no? Bueno, pues ahora ...... vas ....
   a .... conocer.........
9. ....esperaré ....en la esquina

10. Sí conozco esa novela: ... he ...... leído ...... a principios de mes
11. No sé si habré perdido las llaves. Quizá ... tenga ...... en casa
12. Tengo tus documentos. Cuando .... haya ....examinado ....
enviaré ....
13. ...... sienten ...... , caramba

X. *En las siguientes frases hay pronombres mal utilizados. Corríjalos:*

1. Se marchen, por favor
2. Les di que se acerquen
3. No creo que pueda lo reconocer
4. Espero te haber servido para algo
5. Me encantaría la haber conocido
6. Estoy la esperando desde hace media hora
7. Estále costando trabajo encontrar la solución al problema
8. Vas a te arrepentir de la vida que haces
9. Habíanselo dicho
10. Estábantelo diciendo
11. Me lo dé, por favor

Vea cómo hemos ordenado los pronombres personales de dativo, acusativo y *se:*
dé*melo*
se lo había dicho
te lo estaban diciendo

COMENTARIO AL EJERCICIO X

→ Cuando el verbo va acompañado de una serie de pronombres átonos, **todos** ellos deben ir **antepuestos o pospuestos** a aquél (siguiendo las reglas que hemos dado). El **orden posible** de estos pronombres sigue este esquema:

| se | te
os | me
nos | le
lo
la
les
los
las |

Sólo es posible utilizar uno de los que están en el interior de cada paréntesis.

→ En las prohibiciones hemos de anteponer los pronombres:

no *te lo* comas

XI. *Las secuencias subrayadas están mal ordenadas. Corríjalas:*

1. No *me te* vayas ya, hombre
2. Como la camisa era muy bonita, *la se* compró
3. *Me se* ha ido el santo al cielo
4. ¿Estás enfermo? Pues no *te se* nota
5. *Me* querían presentar*la* en la fiesta
6. Había cambiado de coche y todo el mundo *me* iba a ver*lo*
7. No pidas *me lo,* por favor

XX

PRONOMBRES PERSONALES 2

A. Pronombres personales preposicionales.

Examine estas frases:

1. Fue a Madrid

| sin *mí* |
| *conmigo* |

2. Fui a Madrid

| sin *ti* |
| *contigo* |

3. Luis trae el paquete

| para *sí* |
| *consigo* |

RECUERDE

Los pronombres personales tienen algunas **formas especiales** cuando van **tras una preposición:**

| *mí* | *ti* | *sí* |
| *conmigo* | *contigo* | *consigo* |

Las demás coinciden con las que tenían para la función de sujeto:

él	*ella*	*ello*	*ellos*	*ellas*
			nosotros	*nosotras*
			vosotros	*vosotras*
usted			*ustedes*	

I. *Los pronombres subrayados de las frases siguientes están mal utilizados. Corríjalos:*

1. Tu padre estaba *con mí*
2. Julia haría cualquier cosa por *te*
3. No esperes nada de *nos* ni de ellos
4. Tenías un tesoro ante *tú*
5. ¿No crees en *yo*?
6. No quiero ir con *ti*
7. Ven con *nos*
8. Estaba mirando hacia *tú*
9. Le había dicho a *la* que viniera
10. Me había ofrecido a *yo* un empleo

Observe las dos últimas frases del ejercicio precedente:

    9. *Le* había dicho *a ella* que viniera

    10. *Me* había ofrecido *a mí* un empleo

Comprobará usted cómo en (9) *le* y *a ella*, complementos indirectos, se refieren a la misma persona. De la misma forma, el complemento indirecto se repite en (10): *me-a mí.*

Algo similar sucede en

    11. No *la* vi *a ella*

donde el complemento directo es doble: *la-a ella*

Evidentemente, lo más frecuente es utilizar solamente un pronombre de dativo o acusativo como complemento indirecto o directo único:

    9'. *Le* había dicho que viniera

    10'. *Me* había ofrecido un empleo

    11'. No *la* vi

¿Cuándo aparece el complemento con *a + pronombre preposicional*? En las mismas condiciones en que debíamos utilizar los pronombres sujetos:

    a) Cuando falta el verbo:

            —¿A quién le has dicho eso?

            —*A ella*

    b) Cuando queremos o necesitamos resaltar la persona de que hablamos:

            A ella no le gusta nada el vino

    c) Cuando queremos evitar confusiones:

            ¿Los Pérez? ¡Ah, sí! Ya sé. Le he vendido $\left\{ \begin{array}{l} a\ \acute{e}l \\ a\ ella \end{array} \right\}$ un coche

    d) Cuando queremos establecer un contraste entre personas:

            A usted sí le conozco, pero *a él* no

COMENTARIO AL EJERCICIO I

→ Es necesario utilizar como complemento directo o indirecto un pronombre precedido de la preposición *a* cuando con él queremos *informar* o cuando forma parte fundamental de lo que decimos. Es decir, en condiciones similares a las que conocemos para los pronombres sujeto.

→ Si utilizamos las formas *a mí, a ti,* etc. **necesitamos repetir el complemento directo o indirecto** mediante un pronombre de acusativo o de dativo:

> *la* vio *a ella* - *a ella la* vio
> *le* gusta *a ella* - *a ella le* gusta

Esto no sucede cuando falta el verbo:

> —¿A quién has visto?
> —*A ella*

→ Cuando el complemento **directo** es un **nombre propio o común no debemos repetir** el complemento con un pronombre acusativo:

> ~~Lo~~ conozco a Juan
> ~~La~~ conozco a mi profesora

→ Cuando el complemento **indirecto** es un **nombre propio o común** no es necesario, pero sí **usual, repetir** el complemento con un pronombre de dativo:

> *Le* dije a Juan...
> *Le* dije a mi profesora...

II. *Señale usted qué frase de cada pareja es preferible, y diga por qué.*

1. El profesor dijo a mí que me callara-El profesor me dijo a mí que me callara
2. ¿Quién te vendió a ti esa moto?-¿Quién vendió a ti esa moto?
3. Arturo vio a vosotros ayer-Arturo os vio a vosotros ayer
4. Manolo quiere mucho a su novia-Manolo la quiere mucho a su novia
5. El profesor contó a mí un chiste-El profesor me contó a mí un chiste
6. El cura había dicho a Lola que esperase-El cura le había dicho a Lola que esperase
7. El juez dijo a nosotros que estábamos detenidos-El juez nos dijo a nosotros que estábamos detenidos
8. Aconsejó a mí que estudiara más-Me aconsejó a mí que estudiara más

9. Pidió a sus padres más dinero-Les pidió a sus padres más dinero
10. Mi madre había comprado a ella un piso-Mi madre le había comprado a ella un piso
11. Mi cuñado lo dio a su suegra el coche-Mi cuñado le dio a su suegra el coche
12. Juan le había prometido a Ana que vendría-Juan lo había prometido a Ana que vendría
13. Juan había prometido a Ana que vendría-Juan la había prometido a Ana que vendría
14. El vendedor lo había ofrecido el regalo al cliente-El vendedor había ofrecido el regalo al cliente
15. El vendedor se lo había ofrecido el regalo al cliente-El vendedor le había ofrecido el regalo al cliente
16. Antonio compró vuestro piso a su madre-Antonio lo compró vuestro piso a su madre
17. Antonio se lo compró vuestro piso a su madre-Antonio le compró vuestro piso a su madre
18. A él no le conozco-A él no conozco

Observe la última frase del ejercicio anterior. En ella, como se deduce de las reglas dadas, es necesario repetir el complemento directo. Lo mismo sucedería con un complemento indirecto:

A él no *le* he dicho nada

Es muy frecuente, para subrayar de una manera especial la importancia del complemento directo o indirecto, anteponer uno u otro al verbo:

La cerveza la he traído yo

A Juan le han dicho que...

A mí me han dicho que...

Como usted podrá ver en estos ejemplos, cuando se hace esto es necesario repetir el complemento con el correspondiente pronombre de acusativo o dativo:

La cerveza **la...**

A Juan **le...**

A mí **me...**

COMENTARIO AL EJERCICIO II

Cuando se anticipa el complemento **directo** o el **indirecto** es necesario **repetir** el complemento mediante un pronombre átono de acusativo o dativo respectivamente:

Los planos *los* había dibujado el delineante

A su novia, mi hermano *le* ha regalado ese anillo

> **No** es conveniente anticipar **a la vez** el complemento directo y el indirecto. Veamos cuáles son las soluciones más frecuentes para una oración con las dos clases de complementos:
>
> A sus compañeros *les* dedicó Pablo la novela
> La novela *la* dedicó Pablo a sus compañeros
> La novela *se la* dedicó Pablo a sus compañeros

III. *Invierta el orden del sujeto y del complemento directo o indirecto siguiendo el esquema:*

Petra (le) compró el cuadro a Paco
El cuadro se lo compró Petra a Paco
A Paco le compró el cuadro Petra

1. Juan contó a su hija la historia de su familia
2. Mi hermano (le) ha regalado a su novia ese anillo
3. Un señor estaba esperando a mi jefe
4. El sargento (le) dio el fusil a su esposa
5. El abogado aconsejará a tu hermano
6. Arturo (le) compró esa casa a José María
7. El ingeniero había dibujado los planos
8. Le enviaré mis saludos a tu cuñado
9. Pablo dedicó el poema a su amiga
10. Había dirigido la carta al rector

RECAPITULACIÓN

EJERCICIOS

I. *En algunas de las frases que siguen hay incorrecciones debidas al mal uso (o no uso) de los pronombres personales. Señálelas y diga a qué se deben:*

1. Vio a su padre y lo dio un fuerte abrazo
2. Sí, he escrito esa novela y no él
3. No creo a ti
4. Yo iré a Francia, y ellos, a Alemania
5. Es muy alta, pero no la parece
6. No te me muevas, por favor
7. María dijo que ella venía todos los días a clase

8. No te se ocurra decir delante de mí otra grosería

9. Se callen, que no puedo estudiar

10. He roto mis zapatos[1]

11. No hace falta que digas nada más: sé todo[2]

12. No he mentido, se los aseguro, señores

13. Les insultó y rompieron su cara

14. A mi suegra no puedo soportar

15. Había venido con muchos regalos; a los niños trajo caramelos y a las niñas, muñecas

16. Estuve con unos amigotes y los invité a unos vinos

17. Mi madre estaba esperando donde yo no le podía ver

18. Le dijo a sus soldados que estuvieran preparados[3]

19. Me habían dicho que la cerveza española era mala, pero no la es

20. Me dejen en paz

21. ¡Cállese usted!

22. ¿Cómo te se ocurren esas ideas?

23. El libro a Pepita se lo compró Carmen

24. Entre mí y ti haremos una tarta[4]

25. A mí eso no gusta nada

26. Juan lo hace todo para él; es un egoísta[5]

27. Ana traía con ella a su hermanita

28. Ayer fui a una fiesta y me pasé muy bien[6]

29. ¡Vaya, hombre! La hemos fastidiado. Acaba de averiarse el coche

30. ¿Se debe algo a usted, camarero?[7]

1. En frases como ésta, si nos referimos a las partes del cuerpo, prendas de vestir, etc., resulta preferible el *dativo posesivo* al posesivo.

2. *Todo*, como complemento directo, exige con frecuencia duplicación de complemento con *lo*.

3. El empleo de *le* en vez de *les* en construcciones de este tipo es un error muy frecuente en el habla cotidiana. Evítelo.

4. Los pronombres personales de sujeto admiten una serie de partículas: *entre, según, salvo, excepto, incluso, hasta* (con el significado de *incluso*), etc.

5. Usted ya debe conocer el uso de los reflexivos. Recuerde que la forma preposicional que corresponde al *se* reflexivo es *sí*. Tendríamos, por ejemplo:
   Juan habla siempre para sí (sí=Juan)
   En el habla cotidiana, sin embargo, muchas veces se emplean las formas no reflexivas *(él, ella, ellos, ellas)* en su lugar:
   Juan habla siempre para él (él=Juan)
   María lleva la carta con ella (ella=María)
   Esta incorrección ha penetrado incluso en el español escrito.

6. En ocasiones se hace necesario un pronombre de acusativo sin que este se refiera a nada explícito: *pasarlo, pasarlas, dárselas de, pirárselas, palmarlas, fastidiarla*, etc. Esto es particularmente frecuente en la lengua coloquial.

7. *Se*, partícula impersonalizadora en muchos casos, sirve en contextos de este tipo como sustituto de *yo* o *nosotros*. *Yo* tiene otros muchos sustitutos: *uno, un servidor, este cura* (coloquialismo), *menda* (gitanismo), *su afectísimo amigo, el que suscribe, el abajo firmante*, (en documentos y cartas), *nosotros* (plural de modestia), *Nos* (plural mayestático), etc.

31. Se agradece a usted el cumplido, caballero
32. Yo me **es** difícil comprender tus palabras[8]
33. No me es posible ir contigo a Málaga

8. En las construcciones del tipo
    Te será útil estudiar alemán
    Nos fue imposible llegar allí
con *ser + atributo,* el pronombre de dativo indica a la persona a la que se puede aplicar la expresión impersonal:
    Será útil para ti...
    Fue imposible para nosotros...

EJERCICIOS SOBRE LOS ARTÍCULOS Y EL NEUTRO

I. *En algunas de las frases que siguen hay errores. ¿Cuáles son? ¿A qué se deben?*

1. Un español siempre es un caballero
2. Flores son la señal de primavera
3. El tiempo es el oro
4. El comer bien es lo necesario para el hombre
5. Tengo una casa y piscina
6. Filosofía es necesaria para comprender bien al hombre
7. El esperar siempre es malo
8. La rapidez y diligencia con que actúas me asombra
9. La señora de Gómez venía del Perú. Había pasado por Habana
10. Teresa habla bien inglés
11. Cuando llegamos a casa vimos el tan famoso cuadro
12. Era domingo cuando la conocí, pero no hablé con ella hasta el lunes
13. Antes de ir a la Francia viajó por el Asia rusa
14. El José María quería ver a la pequeña Anita
15. Los Suárez no llegaban, y por eso el don Felipe salió a buscarlos
16. No tengo el tiempo para recibirle
17. Hombres, las mujeres y los niños miraban con horror la escena
18. Ojos que no ven, el corazón que no siente
19. Su marido es conde, y lo que quiere es ver mundo
20. El de la barba es mi primo
21. Esta no es mi casa, sino la una de mi vecino
22. Abre el paquete que quieras menos ése, que es mío
23. Tengo las ganas de comer garbanzos
24. Tengo las ganas suficientes como para comer todo el plato
25. Dame de tu bocadillo
26. Voy a beber un poco de tu vino
27. Quería arroz y mantequilla
28. En este momento tengo poco dinero
29. Trajo de los tomates y de las cebollas
30. No he tenido de la suerte

II. *Las frases siguientes deben ser completadas con alguna o algunas de estas palabras:* esto, eso, aquello, ello, el, la, los, las, lo:

1. .... que prefiero es .... verde
2. ....que me has dicho no tiene perdón
3. Hay que ver .... simpática que es Marta
4. Mi hermano estaba enfermo, y ...... me llenaba de inquietud
5. Dices que van a despedirme, pero ni siquiera puedo pensar en ....
6. No sé por qué .... suyo siempre tiene que ser mejor que .....mío
7. Sí, ya conozco a tu novia; un día de estos te presentaré a ....mía
8. Le robaron, pero los ladrones no se contentaron con ....
9. .... bueno si es breve es dos veces bueno
10. .... que ves a tu derecha es un mortero
11. ¿Qué es .... que reluce en lo alto del campanario?
12. ¿Has visto las camisas? ....tuyas son .... de manga larga
13. ....increíble de la situación era que Alberto no estaba avergonzado
14. Han hecho .... posible y .... imposible para conseguir el exterminio de las focas
15. Espero que te des cuenta de .... bajo que has caído

XXI
REFLEXIVOS, VERBOS PRONOMINALES Y 'SE'

A. Construcciones reflexivas y no reflexivas.

Usted ya sabe que en

   me he afeitado

   me he afeitado el bigote

el pronombre *me* es un reflexivo, y coincide en persona con la que indica el verbo[1].

   Estos mismos pronombres, sin embargo, se utilizan también en **construcciones no reflexivas.**
Compare estas dos frases:

   me he afeitado (a mí mismo)

   ¿te has bebido mi vino?

   En la segunda no es posible, porque no tiene sentido, posponer al verbo la expresión *a ti*
mismo.

| me |
| te |
| se |
| nos |
| os |
| se |

RECUERDE

Los pronombres reflexivos se utilizan frecuentemente en construcciones que no tienen valor reflexivo.

Observe esta frase:

   Juan *se* ha fugado de la cárcel

---

1. Las construcciones reciprocas del tipo de
      Luis y Ana se quieren (mutuamente)
se utilizan sólo con plural.

Compare ahora estas dos frases:

Nos acordamos de (=recordamos) ir a verla

Acordamos (=nos pusimos de acuerdo para) ir a verla

Observe estas dos frases:

Andrés *olvidó* su cartera

Andrés *se olvidó de* su cartera

Compare estas dos frases

He visto 15 películas de John Ford

Me he visto 15 películas de John Ford

El pronombre no es imprescindible. Pero añade un énfasis, una intensidad que no tiene la primera frase

I. *Complete cada frase con una de las posibilidades que se le ofrecen. de acuerdo con lo que usted crea más apropiado:*

1. Me admiro

    | lo que dices |
    | de lo que dices |

2. Se comió

    | un poquito de arroz |
    | un bocadillo enorme |

3. Entonces se volvió

    | para verme la cara |
    | a cantar |

4. Fíjate, me he subido

    | este escalón |
    | hasta aquí corriendo, y son 20 pisos |

5. No te rías

    | sus chistes; son malísimos |
    | de él; es un pobre hombre |

6. Se durmió

    | toda la noche |
    | a las ocho y media |

7. Nos quedaremos

    | aquí hasta que vengas |
    | a las diez, si te parece bien |

8. Me conozco

    | esta provincia hasta el último rincón |
    | a tu padre |

9. Me presté

    | mil pesetas |
    | a ayudarle |

10. Se ha recorrido

    | toda Europa andando |
    | tres o cuatro metros |

149

11. Estáte | quieto
bien

12. Yo no me creo | en Dios
todo lo que me dicen

II. *Complete las siguientes frases cuando sea posible; si no lo es, añada un pronombre al verbo:*

1. Se ha tomado ....
2. Te has olvidado ....
3. Quejaba de ....
4. Hoy me voy ....
5. Se aprovechaba ....
6. Durmió ....
7. Me estoy ....
8. Acordaron ....
9. Se acordaron ....
10. Arrepiento ....
11. Fugó ....
12. Me he visto ....
13. Se aprendió ....
14. Nos hemos comprado .....

B. SE como índice de intransitivos.

Compare estas dos frases:

Luis abrió la puerta-La puerta **se** abrió

Observe que, en la primera, el verbo *abrir* tiene un sujeto personal *(Luis)* y un complemento directo *(la puerta);* en la segunda, **el complemento directo se ha convertido en sujeto,** hemos introducido *se* —no son posibles los demás pronombres reflexivos— y el verbo *abrir* ha pasado a ser un verbo intransitivo (sin complemento directo).

Evidentemente, esta transformación conlleva un cambio de significado.

El diccionario le informará nuevamente (señalándolos a la vez como intransitivos y transitivos) de cuáles son los verbos que pueden tratarse así.

RECUERDE

SE puede servir para **convertir un verbo transitivo** de sujeto personal **en un verbo intransitivo:**

enfrié la sopa - la sopa *se* enfrió

III. *Transforme las siguientes frases eliminando el sujeto e introduciendo* se *de acuerdo con este modelo:*

Ana enfrió la sopa →La sopa *se* enfrió

1. Ella abrió la ventana →
2. (Yo) he acabado la cena →
3. Ana había apagado el fuego →
4. Quemaré el papel →
5. He doblado la hoja →
6. Andrés borró la señal →
7. Hemos calentado la habitación →
8. Manolo cocía el pollo →
9. Terminamos el desayuno →
10. Carlos mojó la pared →
11. Todos estropeamos la fiesta →
12. Juan había roto el transistor →
13. El escritor ha perdido el original de la novela →
14. Llenaremos la piscina en diez minutos →

C. se **en oraciones de agente indeterminado.**

En muchas ocasiones, no nos interesa, no queremos o no podemos decir quién es la persona o personas que realizan la acción expresada por el verbo. El español tiene distintos recursos para conseguir indicar esta indeterminación del agente:

Cuentan que Luis está arruinado

Fue conquistado todo el territorio

Aquí *uno* está a merced de los medios de comunicación

Pero existe un procedimiento general de particular importancia: la utilización del **se de agente indeterminado:**

Se cuenta que Luis está arruinado

Se conquistó todo el territorio

Aquí *se está* a merced de los medios de comunicación

RECUERDE

Existe un grupo de construcciones que se caracteriza:
   a) Por el empleo de se con un **verbo en tercera persona** (no son posibles otras formas verbales o pronominales).
   b) Porque el **agente** de la acción queda **indeterminado.**
Llamaremos a este se **'se de agente indeterminado'.**

IV. *Convierta estas frases en frases con agente indeterminado, usando* SE:

1. Veo que el precio del vino ha subido; no hay nadie en los bares
2. En tu casa todos comemos muy muy bien
3. En verano dormimos muy poco
4. Carlos y Ana interrogarán a los detenidos
5. La gente dice que Pérez será diputado
6. Creo que hoy hablará el presidente del gobierno
7. Notamos que estás enfermo
8. Tú, yo y ese señor vivimos maravillosamente en Salamanca
9. Reparamos automóviles

Observe este último ejemplo:
    Se reparan automóviles

De acuerdo con las reglas, hemos utilizado el *se* para indicar que no nos interesa decir quién es exactamente el que repara automóviles, y, además, hemos conjugado el verbo en tercera persona. *Pero*, a diferencia de lo que ocurría con las ocho frases anteriores, lo hemos conjugado en plural.

COMENTARIO AL EJERCICIO IV

Cuando utilizamos el **se** de agente indeterminado
— Debemos hacer **concordar** el verbo con el complemento directo cuando éste **no** va precedido de la preposición *a:*

        se necesita secretaria
        se repara*n* automóvile*s*
        se espera *a* los ministro*s*

— En los demás casos, el **verbo va en singular***

---

* Cuando el complemento directo es un pronombre átono el verbo también va en singular:
    Algunas veces se buscan los bienes materiales; otras veces se LOS ODIA.
Es necesario decir que estas reglas corresponden al uso culto de Castilla. No es infrecuente, en otros contextos, encontrar oraciones que las contravienen:
    Se alquila habitaciones
    En Valladolid se fabrica automóviles
A las construcciones que necesitan concordancia de verbo y complemento directo (se vende *una casa*, se venden *casas*) se les ha dado tradicionalmente el nombre de pasivo-reflejas porque equivalen en muchas ocasiones a las construcciones con sentido pasivo:
    Se han construido muchas casas — Han sido construidas muchas casas
Ahora bien, fíjese: también son equivalentes
    Se recibió A los diputados — Fueron recibidos los diputados

V. *Construya frases con SE:*

1. (Contratar) .... a los arquitectos
2. (Oír).............. muy bien al cantante desde aquí
3. (Comentar) .... que va a venir el Rey
4. (Pasar) .... trabajos a máquina
5. (Traducir) .... documentos al inglés
6. (Pintar) .... puertas y ventanas
7. Aquí (estar) .... bien o (estar) .... muy mal
8. O (estar) .... conmigo o (estar) .... contra mí
9. En todo lugar (respetar) .... a los ancianos
10. (Buscar) .... al asesino
11. (Votar) .... a los hombres, no a los partidos
12. (Vender) .... este piso
13. (Alquilar) .... habitaciones con derecho a cocina
14. Aquí (leer) .... muchas novelas
15. (Comprar) .... muchos periódicos últimamente
16. (Necesitar) .... un tractor
17. (Buscar) .... aprendices
18. (Hacer) .... chapuzas
19. Los automóviles (fabricar) .... en Valladolid y no en Salamanca
20. Este año (pagar)............. bien las frutas, pero ha bajado el precio de los cereales
21. (Ser) .... como se quiera ser

EJERCICIOS SOBRE CONSTRUCCIONES DE AGENTE INDETERMINADO

En las frases siguientes aparecen una serie de acciones de las que no se dice quién las realiza. Todas ellas pueden construirse de otra forma sin que tal característica desaparezca. Inténtelo:

(un ejemplo:

Se venden periódicos en la esquina

puede cambiarse en

Venden periódicos en la esquina)

1. Se dice que nos van a subir el sueldo
2. Se vendieron todas las entradas para el concierto
3. Se bebe demasiado en este pueblo
4. Aquí se respeta a las personas mayores
5. Fue inaugurada la fábrica de automóviles
6. Habían sido aprobadas cinco nuevas leyes
7. Ha sido descubierto un medicamento contra el cáncer
8. Cuentan que Juan ha estado en Singapur
9. Supongo que habrán detenido a los culpables
10. Me han enviado un paquete
11. No dejan ver a los enfermos
12. La han herido en la frente
13. Uno se queja cuando tiene que quejarse
14. En esa playa uno sólo puede bañarse en los meses de verano
15. En verano, como hace calorcito, te sientes mucho mejor que en invierno
16. Siempre trabajas mejor si ganas un buen sueldo

XXII
USOS DE 'SE' Y DE LOS PRONOMBRES PERSONALES
RECAPITULACIÓN

EJERCICIOS

I. En este texto hay 11 errores debidos al mal uso de los pronombres. Corríjalos:

¿Han ustedes visto el título del último libro de Azorín? *El chirrión de los políticos.* ¡El chirrión! ¡Vaya palabra! Le he recibido dedicado. Claro que yo mismo, en persona, yo he ido a su casa a se lo devolver. Azorín vive —prosiguió— en una de esas casas que huelen ellas a cocido madrileño y pis de gato. Él duerme en el fondo
5 de una cama con mosquitero y colgaduras encintados de rosa, y sobre la mesilla él tiene, como objeto que él seguramente considera de un gusto refinado, un negrito de escayola pintada, de esos que se anuncian el café torrefacto marca «La Estrella», regalo de sus electores cuando él fue diputado por Alicante. A un escritor, por muy modesta que sea su vida, le conoce por la casa.

(Rafael Alberti, *La arboleda perdida*)

II. Ponga pronombres donde sea necesario o conveniente:

1. A mí no .... gustan .... las patatas
2. Mi tía se ha marchado con ....
3. Haremos una paella entre .... y ....
4. .... fue .... de casa porque le trataban mal
5. Carlos es muy moreno; .... nota .... que es español
6. No ..... molestes a Pepita; dice que .... va a comer .... ahora mismo

7. A un empleado de este banco .... ha......... tocado......... la lotería

8. A usted no .... conozco...........

9. ....durmió......... como un tronco durante dos días seguidos

10. No .... creo.......... que......... arrepienta.......de lo que ha hecho

11. No queda nada; Domingo .... ha bebido .... todo

12. A tu coche .... va.......... la gasolina

13. No creo que ... note......... que no.......... he.........dormido ...... en toda la noche

14. No .... eches......... piropos, que me molesta

15. Juan dice que las matemáticas son difíciles, pero a mí no......... parecen ....

16. ¿Ha venido Adolfo? Pues .... di........ que no ...... quiero .... ver ....

17. En la mitad del camino ....averió .... el coche

18. Este niño........cayó .... en un pozo, y sin embargo no ....hizo .... nada

19. La muchachita tenía un helado; ..... iba comiendo ....mientras escuchaba las palabras de su padre

20. ....queda.......... en casa hasta que yo llegue

21. Mira, por llegar tarde ...... hemos perdido ...... el principio de la película

22. Ahora mismo ....acabo de acordar .... de que tenía que pasar ....por la comisaría de policía

23. A Enrique no .... puede engañar .... fácilmente

24. .... han recibido.......... muy malas noticias

25. Desde aquí .... oye el tren, pero no .... ve...........

26. ¿Tienes mi cartera? Pues ....da...........

27. Sé que ....eres el espía ....

28. Sé que ....el espía eres ....

29. Es verdad, el vino lo he bebido ....

30. Es verdad, el vino lo he bebido .... pero no la cerveza[1]

31. Pero Rodrigo, ¿cómo no ....ha ocurrido .... venir a visitarnos?

32. Yo nunca.......... olvido........... de mis amigos

33. Perdona ..... Joaquín; ....olvidó que .... tenía que........ llamar .... por teléfono[2]

---

1. En la frase 30 no es necesario el pronombre sujeto aunque el complemento directo preceda al verbo porque el *tema* de la frase es *la cosa* que alguien ha bebido. no *la persona* que ha bebido. En la frase 29 sucede lo contrario, y por ello necesitamos el pronombre.

2. Construcciones como *se me olvidó. se le cayó. se nos pasó. se les habían perdido.* etc., son expresiones de involuntariedad.

34. .... cayó el jarrón de entre las manos y quedó hecho añicos

III. *Emplee formas pronominales donde sea posible (por ejemplo: (Tú, creer) cualquier cosa* ⟶ *Tú te crees cualquier cosa):*

1. (Yo, comer) un jamón entero
2. No (yo, creer) en los profetas
3. Juan (salir) de cura
4. Mi suegra (caer) muy mal
5. Era un sinvergüenza; (reír) de todo el mundo[3]
6. (Perder) la mitad de mis discos
7. ¿Quieres que (nosotros, comer) juntos?
8. (Tú, estar) en casa hasta que yo vuelva, por favor[4]
9. Mañana (yo, ir) a salir hacia París[5]
10. Mañana (yo, ir) a Madrid[6]
11. Ahora mismo (yo, ir) de esta casa[7]
12. Cuando termine de cenar, (yo, marchar)
13. Le presté un libro y (él, quedar) con él[8]
14. (Tú, quedar) aquí hasta que venga María
15. Sus padres (morir) el año pasado en un accidente[9]
16. Le contaron un chiste y (él, morir) de risa
17. (Ella, conocer) toda la obra de Azorín
18. Pasé dos meses en Alemania, pero (no aprender) alemán
19. (Yo, aprender) de memoria la guía de teléfonos

IV. *Algunas de las frases que siguen contienen errores referentes al uso de* SE *y su verbo. Corríjalos:*

1. En este país siempre se han temido a los dictadores
2. Se vende estos pisos por el constructor[10]

---

3. Con verbos como *reír* y *aprovechar* no es posible la construcción no pronominal si el complemento directo es personal o animado.
4. Se utiliza *estar* pronominalmente cuando tiene el sentido de *permanecer* (y especialmente en el imperativo).
5. Cuando *ir* es auxiliar no se utiliza pronominalmente.
6. Cuando se indica el destino pueden emplearse las dos formas (pronominal y no pronominal) con el verbo *ir*.
7. Cuando *ir* tiene el sentido de *salir* debe ser usado pronominalmente. Lo mismo sucede con *marchar*.
8. *Quedar* se usa pronominalmente cuando significa *retener* o *permanecer*.
9. Como ya hemos dicho, *morirse* es enfático con respecto a *morir*. La forma pronominal es más coloquial, por otra parte. Además, *morirse* se reserva generalmente para muertes naturales (o procesos largos) y para usos metafóricos.
10. Hemos dicho que en estas oraciones *se* indica agente indeterminado. Por ello, expresiones de este tipo son, al menos, no recomendables. Sin embargo son frecuentes (sobre todo en la lengua de los periodistas).

3. Con tanta lluvia, se ven crecer las hierbas

4. Desde aquí se ven cortar las hierbas[11]

5. Se ha edificado muchas casas en este barrio

6. No se vive mal aquí, la verdad

7. No te preocupes; se examinará tus argumentos

8. Se ven que aún no han podido llegar

9. Se puede arrepentirse de cualquier cosa

10. Se prohíbe bañarse en este lago[12]

11. En la Edad Media uno mataba moros todos los días[13]

12. Allá en Uganda se está asesinando indiscriminadamente

13. Se buscaron los mejores profesores

14. Se necesitaban a unos especialistas para recuperar lo perdido

15. Se clausuró la junta por el rector

11. Cuando la cláusula subordinada tiene el verbo en infinitivo y el verbo principal es de *percepción sensible (ver, oír)*, el verbo principal *puede* concordar en número con el *sujeto* (sólo con el sujeto) del verbo subordinado. Así, 3 es correcta, pero 4 no lo es, porque *las hierbas* no es el sujeto.

12. El *se de agente indeterminado* es compatible con otro *se* cuando éste acompaña a un segundo verbo siempre que el primero no sea un auxiliar *(querer, poder, soler, deber,* etc.). Por eso 9 es incorrecta. No lo sería

   Uno puede arrepentirse de cualquier cosa

13. Lo dicho en la nota anterior no supone la igualdad de significado de *se* y *uno. Uno (una)* incluye obligadamente al hablante; por eso 12 es correcta, pero no lo sería

   Allá en Uganda uno está asesinando indiscriminadamente

siempre que con *uno* no queramos señalar a una persona bien determinada.

EJERCICIOS SOBRE LA PASIVA

I. *Convierta las siguientes frases en otras iguales pero de sentido pasivo, utilizando* SER + PARTICIPIO *o* SE *según parezca más adecuado (en algunas frases pueden parecérselo los dos recursos o ninguno de los dos).* Por ejemplo:

Modificaron el programa sin previo aviso

admite

1. *El programa fue modificado sin previo aviso*
2. *Se modificó el programa sin previo aviso*

1. El presidente convocó a los periodistas
2. Tomaron la casa por la fuerza
3. Hospitalizaron al anciano rápidamente
4. Los jóvenes espadas han lidiado las reses
5. En esta casa trabajan muy bien la madera
6. El investigador difundió la noticia por televisión
7. Observo cómo Juan salta la barrera
8. Sus gestos sorprenden al auditorio
9. Leyeron el discurso con voz solemne
10. Tu amigo comía el pollo con verdadero apetito
11. Los bedeles trataron a los alumnos con displicencia
12. Su jefe lo echó por las buenas
13. Sus compañeros lo abandonaron por desconfiado
14. Los vecinos de arriba tienen un perro
15. Margarita lleva hoy un traje nuevo
16. En el pueblo la gente respeta mucho al médico
17. Todos conocemos muy bien la situación personal de ese sujeto
18. La muchedumbre daba gritos
19. A los dos días encontraron su cadáver
20. Realmente la alemana empezaba muy bien la carrera

XXIII
EL INFINITIVO 1

A. Generalidades

Observe estas parejas de frases:

1. Era necesario terminarlo / Era necesario haberlo terminado
2. Prefiere llegar temprano / Prefiere haber llegado temprano
3. Tu obligación era recogerlo antes de las ocho / Tu obligación era haberlo recogido antes de las ocho.

Y RECUERDE

El infinitivo español tiene una **forma simple** *(cantar),* que considera la acción del verbo en su **transcurso,** como **no acabada,** y una **forma compuesta** *(haber cantado),* que considera la **acción** como **terminada.**

Observe también estas equivalencias:

1. La muerte es el sueño / el dormir eterno
2. Nuestras vidas son los ríos que van a dar a la mar, que es la muerte / el morir
3. Esos cantos / cantares que oigo son desagradables
4. Mis obligaciones son éstas / mis deberes son éstos, y no las / los que tú me atribuyes.

Se habrá dado cuenta de que en estas frases aparecen nombres que pueden ser sustituidos por infinitivos, y de que estos infinitivos admiten las mismas determinaciones que los nombres; es decir, pueden ir acompañados de artículo *(el morir; los cantares),* de adjetivos determinativos *(esos cantares; mis deberes;* etc.) y de adjetivos calificativos *(dormir eterno;* etc.)[1].

---

1. Hay infinitivos que han llegado a una sustantivación completa y permanente: *pesar* (pena, disgusto, pesadumbre), *haber* (cantidad de dinero que se posee), *haberes* (bienes, riquezas), *deber* (obligación), *deberes* (tarea), *andares* (forma particular de andar de una persona), *quereres* (amores, amoríos), *cantar de gesta,* etc.

I. *Sustituya las palabras subrayadas por infinitivos:*

1. Cuántas *penas* me atormentan sólo yo lo sé
2. Hermosas *auroras* hay en primavera
3. ¡Cuántos *amores* desaprovechados!
4. La repentina *llegada* de tu hermano me sorprendió[2]
5. El dulce *lamento* de dos pastores resuena en mis oídos
6. *La votación* no fue difícil
7. La *sabiduría* de los hombres tiene un límite
8. *La meditación* es frecuente entre los místicos
9. El *canto* de los pájaros es síntoma de buen tiempo
10. El *paso* lento del tiempo me resulta insoportable
11. La brusca *salida* del tren tiró las maletas al suelo
12. La triste *marcha* de los exiliados me da *pena*
13. Me gusta la *muerte* violenta de los héroes en las películas
14. Hay gente a la que le gusta la buena *comida* y la *bebida* abundante
15. La *insistencia* de Paco en mi vida privada me produce enojo

B. El sujeto del infinitivo.

Hemos visto que en algunas de las frases anteriores, los infinitivos tienen sujetos concretos y determinados; p. ej.:

10'. El *pasar* lento *del tiempo* me resulta insoportable
15'. El *insistir Paco* en mi vida privada me produce enojo.

Pero veamos estas frases:

1. Que se votara
   La votación   no fue difícil
   Votar

---

2. Entre el infinitivo *(el llegar de tu hermano)* y el sustantivo correspondiente *(la llegada de tu hermano)* hay leves diferencias de significado, en el sentido de que mientras que el sustantivo toma la acción como algo estático, el infinitivo nombra la acción en su dinamismo, la acción pura; este tipo de infinitivos se reserva para usos estilísticos y casi no aparece en la lengua hablada.

2. Que se produzca acero
   La producción de acero   } es bueno para la economía de los países
   Producir acero

En ellas los verbos y los infinitivos carecen de sujeto, o, mejor dicho, tienen un sujeto general e indeterminado ("se", "alguien en general", "cualquiera"). Lo mismo pasa en 3. y 4.

3.a. Ordenó que los albañiles edificaran otra catedral

3.b. Ordenó { que se edificara / la edificación de / edificar } otra catedral

4.a. Es inútil que digas eso

4.b. Es inútil { decir eso / que se diga eso }

COMENTARIO

Sucede, por tanto, que en español es posible emplear un **infinitivo** sin sujeto o, mejor dicho, **con un sujeto** tan **general e indeterminado** que no se expresa.

La construcción equivale más o menos a QUE + SE + *verbo en forma personal*, y es especialmente frecuente:

a) cuando el infinitivo es sujeto del verbo *ser* (y otros verbos atributivos).

b) cuando el infinitivo es complemento de un verbo de influencia (*mandar, prohibir, ordenar, hacer, rogar, permitir*, etc).

II. *Emplee infinitivos (o QUE + SE + verbo) en lugar de las palabras subrayadas:*

1. *La meditación* es frecuente en las culturas orientales
2. *La elaboración* de los estatutos es imprescindible
3. *Que se vaya* a la Facultad por la tarde es absurdo
4. Prohibió *la construcción de* un nuevo puente
5. Ordenó *el reparto de* las invitaciones entre todos los presentes
6. Se permite *la fijación de* carteles en esta pared
7. *La recogida de* aceitunas en febrero es conveniente
8. Está bastante bien *la repatriación de* los emigrantes
9. Exige *la fabricación de* dos mil bombas
10. El ayuntamiento prohíbe *el estacionamiento* en este lado de la calle

11. Es urgente *la resolución del* problema que tenemos planteado
12. Se ruega *la bajada* en primera
13. *El reconocimiento de* las instalaciones resultó complicado
14. Es inútil *la entrega de* las actas
15. Conviene *la salida* a primera hora
16. *La ida* resultará beneficiosa
17. No interesa *el exterminio de* las ballenas

No obstante, lo más frecuente es que el sujeto del infinitivo sea el mismo que el del verbo principal. Lo comprobaremos con estos ejemplos:

1.a. ·Quiero que tú conozcas Francia
2.a. Necesitas que te vea el médico
3.a. Las autoridades temían que los náufragos murieran de inanición
4.a. Esperamos que llegue mañana
5.a. Lamento que me hayas golpeado

En estas frases el verbo primero (principal) tiene un sujeto y el verbo segundo (subordinado) tiene otro diferente. En cambio, en las frases que vamos a poner a continuación, ambos verbos tienen el mismo sujeto, y por ello el segundo verbo tiene que ir en infinitivo:

1.b. (Yo) quiero (yo) conocer Francia
2.b. (Tú) Necesitas (tú) ver al médico
3.b. Los náufragos temían (los náufragos) morir de inanición
4.b. (Nosotros) esperamos (nosotros) llegar mañana
5.b. (Yo) Lamento (yo) haberte golpeado

RECUERDE

En las cláusulas subordinadas sustantivas *(V₁ + QUE + V₂)* que normalmente llevan subjuntivo *(ver pág. 41)*, *cuando* **el sujeto del verbo primero** (principal) **es el mismo que el del verbo segundo** (subordinado), el verbo subordinado debe ir en **infinitivo.**

III. *Construya frases correctas utilizando lo que está entre paréntesis:*

1. Prefirieron (ellos, morir) fusilados antes que confesar la verdad
2. Es inútil (yo, intentar) ligar
3. Quisieron (ellos, salir) de viaje
4. Los socialistas se alegraban de (los comunistas, perder) las elecciones
5. Los socialistas se alegraban de (los socialistas, ganar) las elecciones
6. Es una imprudencia (tú, conducir) tan deprisa

7. Te ruego (tú, prestar) atención

8. No recuerdo (yo, leer) ese libro

9. ¿Necesitas (nosotros, vernos) en casa de Sofía?

10. Era un auténtico caballero y siempre deseaba (él, ayudar) a todo el mundo

11. Deseaba (tú, ayudar) a todo el mundo

12. No conviene (nosotros, matarlo) tan temprano

13. Josefa pretende (ella, engañarte)

14. Desea (sus métodos, ser) infalibles

15. Nunca intentasteis (vosotros, comprender) las razones de su comportamiento

La regla dada en el RECUERDE debe ser ahora completada. Para ello veamos estas parejas de frases:

1. Vimos que Pedro salía de la cantina
   Vimos a Pedro salir de la cantina

2. Prohibieron que Antonio permaneciera en su país
   Prohibieron a Antonio permanecer en su país

3. Deja que él vaya al cine
   Déjale ir al cine

4. Veo que el sol sale
   Veo salir el sol

En ellas sucede que el verbo primero tiene un sujeto y el verbo segundo tiene otro diferente. Sin embargo, es posible que el verbo segundo esté en infinitivo.

COMENTARIO

Si el **verbo principal** es **de percepción física** *(ver, oír, sentir, escuchar)* **o de influencia** *(permitir, mandar, obligar, prohibir, dejar, impedir, ordenar, aconsejar)*, y el sujeto del verbo principal es diferente del sujeto del verbo subordinado, el español admite dos construcciones:

  a) una con QUE:

      Le prohibí que fuera al cine

  b) otra (más utilizada) con infinitivo*:
    — Si el sujeto del infinitivo es un nombre animado debe ir precedido de la preposición A.
    — Si el sujeto del verbo subordinado es un pronombre, éste debe ir como pronombre átono con el verbo principal.

      Prohibí a Pedro ir al cine
      Le prohibí ir al cine

---

* Esta segunda construcción nunca aparece con los verbos *pedir, decir, querer* o *rogar*:
Quiero que (tú) vengas conmigo al cine
NO: *Te quiero venir conmigo al cine*
Dile que venga conmigo al cine
NO: *Dile (de) venir conmigo al cine*

IV. *Construya frases correctas:*

1. Han permitido / él; ir a ver a sus amigos
2. Prohíbo / tú; leer novelas del oeste
3. Pido / vosotros; venir pronto a clase
4. Impediremos / los enemigos; alcanzar la frontera
5. Le gusta mucho oír / María Callas; cantar
6. Prohibió / Justo; salir por las noches con los borrachos del barrio
7. Vimos / Jorge; marcharse tan campante
8. Oí / Julio; hablar por teléfono con su amigo el de Sevilla
9. Ordené / Carmen; hacer la cama y me sonrió con sorna
10. Mandaron / los soldados; salir de marcha
11. Humberto vio / el señor Ponce; salir sospechosamente de casa del señor Solera
12. Por las tardes oigo / mi vecino; cantar
13. Por las tardes veo / mi vecino; pintar cuadros
14. He escuchado / Pedro; darme sus razones
15. He sentido / tú; dar pasos en el pasillo
16. Aconsejo / vosotros; hacer lo que os dé la real gana
17. Prohibieron terminantemente / ellos; cantar en el estadio
18. Por fin han permitido / él; salir del país
19. Oigo / Eulalia; discutir con su marido
20. Dejó / la niña; tocar el piano
21. Quisieron / tú; salir de viaje
22. Ordena / los albañiles; retirarse a descansar
23. A menudo permite / el gato; hacer sus necesidades dentro de la casa
24. Nunca he visto / él; llegar temprano a las citas.

XXIV
EL INFINITIVO 2

Veamos ahora qué pasa con otras subordinadas:

1. a. Te reconocí antes de que me hablaras
   b. Te reconocí antes de hablarme (coloquial)
   c. Antes de que te cases mira lo que haces (raro)
   d. Antes de casarte mira lo que haces

2. a. Me reuniré contigo después de que te vea el médico
   b. Me reuniré contigo después de verte el médico (coloquial)
   c. Me reuniré contigo después de que (yo) vea al médico
   d. Me reuniré contigo después de ver al médico

3. a. Estaré junto a ti hasta que la muerte nos separe
   b. Estaré junto a ti hasta separarnos la muerte (coloquial)
   c. Estaré junto a ti hasta que (yo) muera
   d. Estaré junto a ti hasta morir (yo).

4. a. Me han castigado porque estuve en una discoteca
   b. Me han castigado por estar en una discoteca
   c. No aprueba el examen porque no ha estudiado
   d. No aprueba el examen por no haber estudiado

5. a. Todos los días salimos para que el niño tome el sol
   b. Todos los días salimos para tomar el sol el niño (coloquial)
   c. *No es posible:* Todos los días salimos para que tomemos el sol
   d. Todos los días salimos para tomar el sol

6. a. Robaron un banco sin que la policía se enterase
   b. Robaron un banco sin enterarse la policía (coloquial)
   c. *No es posible:* Robamos un banco sin que matáramos a nadie
   d. Robamos un banco sin matar a nadie

En las frases *a.* y en las frases *b.* hay sujetos distintos, uno para el verbo principal y otro para el verbo subordinado.

En las frases *c.* y en las frases *d.* hay sujetos idénticos, el mismo para los dos verbos.

RECUERDE

En las subordinadas introducidas por *antes de, después de, hasta, por, para, sin:*

→ Si los **sujetos** son **distintos:**
  a) lo más normal es que el segundo verbo vaya introducido por QUE y esté en forma personal (frases *a*).
  b) en el *habla coloquial,* no es raro que el segundo verbo vaya en infinitivo (frases *b).*

→ Si los **sujetos** son **idénticos:**
  a) lo más normal es que el segundo verbo esté en infinitivo (frases *d).*
  b) es frecuente (con POR), posible (con DESPUES DE y HASTA), raro (con ANTES DE) e imposible (con PARA y SIN) que el segundo verbo vaya introducido por QUE y esté en forma personal (frases c).*

I. *Construya frases correctas:*

1. Saldremos antes de / el sol; ponerse
2. Estaremos aquí hasta / el sol; salir
3. Tomaremos una copita después de / nosotros; comer
4. En esta casa no se puede cantar sin / los vecinos; oírte
5. Todos los días va a la biblioteca para (a) / él; leer
6. Lo hacen para / ellos; ver si lo consiguen
7. No lo hago por / yo; no tener ganas
8. Todos los días vamos a la biblioteca para (a) / él; leer
9. Estuve tranquilo hasta / yo; recibir tu carta
10. Siempre llama antes de / las doce; dar

---

* Lo dicho con respecto a PARA es válido también para A y POR cuando estas preposiciones tienen valor final. Véase Unidad XXX.

Antes de continuar con este ejercicio, conviene que observemos estas frases:

1. No compré la camisa $\left\{\begin{array}{l}\text{antes de}\\\text{después de}\\\text{hasta}\\\text{por}\\\text{sin}\end{array}\right\}$ estar rebajada (la camisa)

2. Me han castigado $\left\{\begin{array}{l}\text{antes de}\\\text{después de}\\\text{por}\\\text{sin}\end{array}\right\}$ haber estado (yo) en la discoteca

3. Dijo todo lo que pensaba $\left\{\begin{array}{l}\text{antes de}\\\textbf{des}\text{pués de}\\\text{hasta}\end{array}\right\}$ llegar el rector

4. Estaremos aquí
   Hablaremos $\left\{\begin{array}{l}\text{antes de}\\\text{después de}\\\text{hasta}\end{array}\right\}$ salir el sol

Estos son casos coloquiales en los que el infinitivo tiene un sujeto propio diferente del sujeto del verbo principal.

COMENTARIO AL EJERCICIO I

→ Si el infinitivo tiene un **sujeto propio,** éste **debe aparecer explícito:** pero cuando ese sujeto es a la vez complemento del verbo principal, entonces suele no estar expreso (frases 1. y 2.).

→ Tenga siempre presente que si el infinitivo tiene un **sujeto propio** que aparece **explícito,** éste se coloca prácticamente siempre **detrás del infinitivo.**

II. *Construya frases correctas:*

1. Empezó a llover después de / tú, salir
2. Esto me sucede por / yo, interesarme por tus asuntos
3. Lucharon hasta / ellos, quedar exhaustos
4. Abrígate antes de / tú, salir
5. Todos me saludaron después de / yo, llegar a la cima
6. Vivieron desahogados hasta / los niños, nacer
7. Antes de / el sheriff venir, aquí vivíamos tranquilos
8. No puedo ir contigo por / mi padre, no permitírmelo
9. Le sorprendieron *in fraganti* antes de / él, terminar la faena

10. Compré la camisa por / la camisa estar rebajada
11. Habitualmente llega poco tiempo después de / tú, marcharte
12. Se quedaron sin el dinero por / ellos, no querer esperar
13. Lo mataron sin / ellos, hacer ruido
14. Me comí tu pastel sin / tú, darte cuenta
15. Llegaré puntual para / mis compañeros, no enfadarse
16. Estuvieron encerrados hasta / la policía, expulsarlos
17. Antes de / tú recorrer el país, debes conocer sus costumbres
18. Vino a Salamanca por / él, estar con nosotros, no por / él querer conocer la ciudad
19. Te veré en casa después de / la reunión, terminar

III. *Construya frases correctas:*

1. Piensa bien lo que haces antes de / tú, escribir esa carta
2. No te marcharás de aquí hasta / Pedro, terminar de recoger sus bártulos
3. Toda su vida se la ha pasado sin / él, trabajar
4. Toda su vida se la ha pasado sin / sus padres, permitirle hacer nada
5. Es necesario que presentes el talón para / tú, poder recoger el paquete
6. Todos leyeron el manuscrito después de / Tomás, encontrarlo
7. Nos vimos antes de / las campanas, sonar
8. Nos veremos después de / las campanas sonar
9. Nos vimos antes de / nosotros, marcharnos
10. Nos veremos después de / nosotros, terminar los deberes
11. Te estuvimos esperando hasta / el sol, ponerse
12. Estuvimos esperando hasta / tú, llegar
13. Estaremos aquí hasta / nosotros, cansarnos
14. No puedo hacer la redacción por / yo, no haberme traído el diccionario
15. No he podido terminar la redacción por / el profesor, no darme tiempo suficiente
16. Hemos salido al balcón a / nosotros, ver pasar el entierro
17. Nos hemos apartado un poco para / nosotros, ver el entierro
18. No vuelvas a presentarte a un examen sin / tú, estudiar antes
19. Recorrimos toda la región sin / nadie, ayudarnos
20. Se me han escapado las vacas por / yo, venir a verte

Vamos a estudiar ahora un nuevo caso de infinitivos cuyo sujeto —en contra de lo que se esperaría por la regla más general— es dintinto del sujeto del verbo principal. Lo comprobaremos con estas frases:

1.a.   No me importa que tú vengas a la hora de comer
2.a.   A Juan le conviene que Pedro se presente a las elecciones
3.a   Te interesa que Pastora esté contigo
4.a.   A tus padres les gusta que seas bueno

1.b.   No me importa llegar a la hora de comer
2.b.   A Juan le conviene presentarse a las elecciones
3.b.   Te interesa estar con Pastora
4.b.   A tus padres les gusta ser buenos contigo

En las frases a. el sujeto del verbo principal es diferente del sujeto del verbo subordinado; por ello, éste es introducido por QUE y está en forma personal.

En las frases b. el sujeto del verbo principal es también diferente del sujeto del verbo subordinado, pero éste está en infinitivo. ¿Qué ha pasado?.

COMENTARIO

Cuando los verbos de sentimiento u opinión personal *(encantar, importar, convenir, gustar, molestar, interesar, apetecer, entusiasmar, doler, extrañar, sorprender, disgustar, apenar,* y otros) llevan como complemento un pronombre átono que se refiere a la misma persona que el sujeto del verbo subordinado, éste va en infinitivo. Esto sucede, por tanto, cuando la persona que experimenta el sentimiento es también sujeto de la oración subordinada.

IV.   *Construya de nuevo frases correctas:*

1.   Me disgusta / Juan, pensar sólo en tonterías
2.   Le dolía / la gente, portarse así con ella
3.   Me apena / tus primos, discutir continuamente
4.   Le extrañó / ellos, decir tales barbaridades
5.   Nos encantó / nosotros, visitar Murcia
6.   Me sorprende / tú, estar aquí
7.   A María le encanta / María, recitar poesías
8.   No te importa nada / tú, hacer el ridículo
9.   Os conviene / nosotros, estar en forma para la competición
10.   Me gusta / yo, ducharme por las mañanas
11.   Les molesta / vosotros, echar las cartas sin sello
12.   No nos apetece / nosotros, cenar con los López de García

13. A muchas personas les interesa / ellas, exterminar a los urogallos

14. A los niños les entusiasmó / los niños, poder ir con nosotros a los Picos de Europa.

15. Les gusta mucho / ellos, pasar las vacaciones en la sierra

16. A Pedro no le importa / Juan, estar enfadado con él

17. A Pedro no le conviene / Pedro, estar enfadado con Martín

18. A todos los políticos les interesa / los políticos, dominar la situación

19. Te conviene / tú, enviar la solicitud para la beca

20. No me gusta / yo, llegar tarde a las citas.

C. Valores especiales del infinitivo.

Terminaremos, finalmente, estudiando estas equivalencias:

1. La tregua acabó cuando el sol se puso =
   La tregua acabó al ponerse el sol

2. Aunque alborotes no conseguiremos nada =
   Con alborotar (tú) no conseguiremos nada

3. Si hubiera sabido que estabas aquí me habría dado prisa
   De haber sabido que estabas aquí me habría dado prisa

4. Todavía hay muchas personas sin curar (=ser curadas) =
   Todavía hay muchas personas por curar.

COMENTARIO

El infinitivo cuando va precedido de AL, DE, CON O POR puede adquirir valores especiales:

→ AL + INFINITIVO: Equivale a *"cuando...", "en cuanto..."*

→ DE + INFINITIVO: Equivale a *"si..."**

→ CON + INFINITIVO: Equivale a *"aunque..."* (estructura poco frecuente)

→ POR + INFINITIVO: Equivale a *"sin + infinitivo"* (Se requiere que el infinitivo tenga sentido pasivo). Con la fórmula se indica que *todavía no* se ha realizado una acción que había de llevarse a cabo.

---

* Hay casos, no muy frecuentes, en los que A + INFINITIVO también tiene sentido condicional y equivale a *"si..."* Por ejemplo:
  A no ser por él estaríamos perdidos (si no fuera...)
  A poder ser, no vengas mañana (si puede ser...)
  A no ser por mí, todo se hubiera venido abajo (si no hubiera sido por...)
  A decir verdad, todo eso no me importa un pito (si digo la verdad...)
  A juzgar por lo que dicen, hay que tener cuidado (si juzgamos por...)

V. *Sustituya las palabras subrayadas por una fórmula con preposición e infinitivo:*

1. Carmen se fue de compras *en cuanto llegó* Pedro
2. Se marcharán para Sevilla *en cuanto conozcan* la noticia
3. *Cuando* los tiranos *mueren* el pueblo descansa
4. *Cuando* lo *vi* venir lo confundí con su hermano
5. *Si lo hubiera sabido* no hubiera venido
6. *Si no te portas* bien no recibirás tu regalo
7. *Si has plantado* el árbol donde te dije, crecerá frondoso
8. *Si seguimos viviendo* en estas condiciones moriremos pronto
9. *Aunque es* muy rico nunca da propina
10. *Aunque estudies* mucho no vas a sacar las oposiciones
11. *Aunque dé* tanto la lata, nunca consigue lo que pretende
12. *Aunque madrugues* no adelantarás nada
13. No te vayas, que todavía quedan muchas cosas *sin recoger* (=ser recogidas)
14. Uno por otro, la casa todavía *sin barrer* (=ser barrida)
15. Las nuevas tiendas de la plaza *todavía no han sido abiertas* (=están sin abrir)
16. La música de la que te hablo *todavía no ha sido compuesta*
17. En aquel lugar había muchas cosas *sin terminar* (=ser terminadas)
18. Tenemos mucho coñac *sin beber* todavía
19. *Si este niño sigue* llorando me marcho de casa ahora mismo
20. *Si no puedes* venir, avísame con tiempo
21. *Cuando lleguen* las navidades, nos visitarán

VI. *Sustituya lo que está subrayado por infinitivos con preposición:*

1. *En cuanto supe* que se había roto la pierna llamé a sus padres
2. *Aunque te levantes* tan temprano no conseguirás llegar a tiempo a clase
3. *Si mis suegros hubieran sabido* la verdad, Concha habría dejado de estudiar
4. Siempre tiene los deberes *no hechos*
5. ¡Qué barbaridad! A estas alturas y las municipales *no celebradas* todavía
6. Llegamos al hospital *cuando amanecía*
7. Le tiembla el mentón *cuando se cabrea*
8. *Si hubiéramos sabido* que veníais habríamos comprado más comida
9. *Si hubiera sido* verdad lo que venía diciendo desde hacía unos días era para temerle.
10. Tan tarde y las tiendas (están) *no cerradas* todavía

VII. *Construya frases correctas:*

1. Es preciso / todos, estar atentos para / todos no caer en la tentación
2. Solamente un terremoto podría / un terremoto, destruir el mundo[1]
3. Jacinto siempre negó / él, pertenecer al partido comunista[2]
4. Vino a Salamanca por / él, ver si aprobaba las asignaturas que le quedaban
5. No veo bien / tú, intentar ser amigo suyo para / tú, aprovecharte de él
6. Creo que deberías / tú, salir más a menudo para / el color de cara cambiarte
7. Charo suele / ella, marcharse pronto, por / sus padres oír siempre / ella, entrar en casa
8. Supongo / yo, llegar tarde, por / yo, tener muchas cosas que hacer
9. Dices / tú, estar enfermo para / tu madre, ponerte la mejor comida
10. Creo / yo, haberme reunido con vosotros a las seis y media
11. En mi sueño, de pronto imagino / yo, estar rodeado de bellas mujeres
12. Y al despertar descubro / yo, estar tendido en el suelo
13. Observó perfectamente / su hijo, hacer los deberes
14. Recomendé / él, no ducharse con agua fría
15. Después de / la conferencia terminar, tuvimos un pequeño coloquio
16. Estudiaron hasta / sus padres, llegar
17. ¿No te disgusta / él, salir con hombres?
18. Me sorprende / tú, estar aquí sin tu novia
19. Está un poco loco: le gusta / él, dar pésames
20. Queréis / vosotros, siempre estar juntos y eso no puede ser
21. No puedo / yo, ser el que robó el banco, señor comisario
22. Todos deberíamos / nosotros, saber / que dos y dos son cuatro
23. Suelen / ellos, estar / con frecuencia en este bar

---

1. Los verbos *poder, deber,* y *soler* siempre se construyen con infinitivo. No obstante, no está mal decir *puede que* + *subjuntivo,* impersonal, con el sentido de "es posible que" o "quizá".

2. Los verbos *imaginar, descubrir, notar, creer, decir, negar,* y en general los de percepción y lengua, cuando hay identidad de sujetos pueden construirse con infinitivo o con verbo en forma personal (con QUE):
   Confieso no pertenecer / que no pertenezco a ningún partido
   No noto estar / que estoy enfermo
   La segunda construcción es más segura en lo que a corrección se refiere.

VIII. *Díganos qué valor tienen los infinitivos subrayados:*

1. *Entrar* y lo veréis[3]
2. ¡*Salir* de aquí inmediatamente!
3. *Veniros* a cenar con nosotros
4. No *ser* tontos y *estudiar*[4]
5. No *veniros* tan pronto de clase
6. No *tocar.* Peligro de muerte[5]
7. No *meter* el pie entre coche y andén

3. En la lengua hablada es muy frecuente oír una forma imperativa de segunda persona de plural idéntica a la forma del infinitivo, es decir, terminada en *-r* en lugar de en *-d.* En frases afirmativas se trata de un coloquialismo con cierto tinte vulgar.
4. Pero en frases negativas (donde la forma en *-r* aparece por la segunda persona plural del presente de subjuntivo) es un claro vulgarismo que debe ser evitado.
     4. *No seáis tontos y estudiad*
     5. *No os vengáis tan pronto de clase*
5. Sin embargo, esa forma negativa del infinitivo resulta normal y es muy frecuente en avisos generales, cuyo destinatario concreto se desconoce.

XXV
EL GERUNDIO

A. Generalidades

Observe las formas de gerundio empleadas en las siguientes frases:

1. Pastora llegó cantando
2. Haciendo eso no habrá problemas
3. Habiendo hecho eso no habrá problemas
4. Habiendo venido Juan, todo está solucionado

Y RECUERDE

→ El gerundio español tiene una **forma simple** *(cantando),* que expresa una acción en su transcurso, una **acción no acabada anterior o simultánea** a la del verbo principal; y una **forma compuesta** *(habiendo cantado)* que expresa siempre una **acción acabada y anterior** a la del verbo principal.

→ El gerundio en español **nunca equivale a un nombre** y, por lo tanto, no puede ser sujeto ni complemento directo de un verbo.

→ El gerundio en español **nunca** se utiliza **con preposiciones***.

---

* Excepción: es normal que el gerundio cuando expresa anterioridad vaya precedido de la preposición EN.
   En haciendo esto me voy contigo
   En escribiendo esta carta pagarán caros sus gritos
   En viéndolo venir, salí corriendo
Esta construcción es poco usual.

B. El sujeto del gerundio.

Atienda también a las siguientes frases:

1. Estando así no lograréis convencerme
2. Paseando por el campo he visto aterrizar un helicóptero
3. Estando así vosotros, yo haré lo que me dé la gana
4. Permaneciendo el pueblo dormido, nada se puede hacer
5. Vimos a Lali jugando al billar
6. Encontramos a Eugenio tejiendo la lana

COMENTARIO

El **sujeto del gerundio** puede ser:
   a) **El mismo que el del verbo principal** (frases 1. y 2.).
   b) El **complemento directo** de un verbo de percepción *(ver, oír, escuchar,...)* o de representación *(representar, dibujar, describir, pintar,...)*, o de los verbos *dejar, encontrar y hallar* (frases 5. y 6).
   c) Un **sujeto propio** y particular que para nada se relaciona con el verbo principal. Este sujeto se coloca **siempre detrás del gerundio** (frases 3. y 4.).

C. Gerundio referido a un verbo.

Hemos visto hasta ahora los caracteres generales del gerundio en español. Trataremos ahora de sus valores. En las frases que vamos a poner a continuación el gerundio está referido a un verbo:

1. En acabando de comer se echa la siesta
2. Lee la correspondencia comiendo
3. Llegó corriendo
4. Avanzando desde donde estáis llegaréis hasta la fonda
5. El cura dice que ese personaje se ha ganado el cielo dando limosnas
6. (Aun) Explicando bien, este profesor es un poco pesado

COMENTARIO

El gerundio puede **referirse a un verbo.** Funciona entonces como un adverbio y tiene en español los siguientes valores y equivalencias:

➤ *Temporal:* Es el sentido predominante y básico del gerundio. La **acción** expresada por el gerundio puede ser **anterior** (en cuyo caso

---

equivale a *"inmediatamente después de"*) **o simultánea** (y equivale a
"y al mismo tiempo" o *"mientras"*) a la expresada por el verbo principal (frases 1. y 2.), pero **nunca posterior** a ella.

→ *Causal:* Equivale a "como..." o "porque..." (frase 5).

→ *Condicional:* Equivale a "si..." (frase 4).

→ *Concesivo:* Equivale a "aunque..." (frase 6). En estos casos el gerundio suele ir precedido de *aun* o *incluso.*

→ *Modal:* Expresa la manera de realizarse la acción significada por el
verbo principal (frase 3).

I. *Transforme las frases que le damos en otras en las que aparezca un gerundio*

1. Mientras estabas dando un paseo, te han llamado por teléfono
2. Inmediatamente después de que Juan saliera, encendí la televsion
3. Bailo y al mismo tiempo hago ejercicio
4. Como el profesor estaba enfermo, no hemos tenido clase
5. Como María estaba deprimida, (María) no quiso ver a nadie
6. Si no te portas bien no vuelves a salir con nosotros
7. Si Paco hubiera sido feo, Teresa no se habría casado con él
8. Aunque insistas, se negará a contarte lo que sabe
9. Aunque sé que no voy a aprobar, me presentaré al examen
10. Luis friega mientras habla
11. Rodrigo juega y al mismo tiempo da la lata
12. Empezo a hacer frío inmediatamente después de que Emilio se hubiera puesto la ropa de verano
13. Juan se encargará de todo inmediatamente después de venir
14. Aunque es joven siempre está cansado
15. Aunque Correos está cerca nunca escribe cartas
16. Si te alejas un poco lo verás todo mucho mejor
17. Si hubieras avisado pronto a los bomberos, no habría quedado todo destruido
18. Como sus padres no lo han felicitado, está enfadado con ellos
19. Como lo había roto, tuvo que pagar el vaso

II. *Díganos qué valor tienen los gerundios que empleamos.*

1. Estudiando se aprende
2. Quedamos muy bien haciéndole aquel regalo
3. Comiendo nos alimentamos
4. Consiguió casarse gracias al dinero que ganó dando clases particulares
5. Contándole la verdad no resolveremos nada
6. Colocándote detrás de esa cortina podrás oírlo todo sin ser visto
7. Trabajando en ese oficio se gana más dinero que vendiendo chocolate
8. Tus hermanos, aun conociéndote bien, no se preocupan por ti
9. Lo hizo protestando, como siempre
10. Se quedaron oyendo música en el salón
11. Se puso a estudiar como un loco, olvidándose hasta de la novia
12. Lo conseguimos empleando todos nuestros recursos
13. Colaborando todos, pronto podremos sacarlo de la cárcel
14. Estando tú presente, no conseguiremos que hable
15. Estando el decano presente, no conseguimos que hablara
16. Aun siendo tan difícil hacerlo, algunos traducen muy bien
17. Colaborando todos, pronto podrá salir de la cárcel
18. Los alfareros hacen la cerámica utilizando el torno
19. Escribió una carta poniendo muchas faltas de ortografía

D. Gerundio referido a un nombre.

En otras ocasiones, en cambio, el gerundio se refiere a un nombre. Así sucede en las siguientes frases, en algunas de las cuales los gerundios pueden ser sustituidos por cláusulas de relativo.

1. Echaron aceite hirviendo sobre los enemigos
2. Traían las velas ardiendo
3. He visto a Pedro jugando a las cartas
4. Dejé a Pedro jugando a las cartas
5. La policía, dominando la situación, se lanzó a la carga
6. Los niños, advirtiendo el peligro, huyeron

COMENTARIO

El gerundio puede **referirse** también **a un nombre** y equivaler por tanto a un adjetivo. Pero: el gerundio en español sólo puede usarse como **equivalente de un adjetivo** en los siguientes casos:

a) Los gerundios *ardiendo* e *hirviendo*, siempre.

b) Con los verbos de percepción física y de representación, y con los verbos *dejar*, *encontrar* y *hallar*, si el gerundio expresa una acción real.

c) Cuando equivale a una cláusula de relativo no restrictiva; e incluso en estos casos el empleo del gerundio no es muy usual*.

Si no se dan estas condiciones, se suele emplear cláusula de relativo.

III. *Sustituya las cláusulas de relativo por gerundio cuando esto sea posible.*

1. El cuadro representa a tres mujeres que dan saltitos
2. He oído al vecino que cantaba en los servicios
3. Hallaron a un muchacho que se desangraba en el campo
4. Hemos dejado al perro que guarde la casa
5. Los corredores, que habían terminado la carrera, se duchaban en los vestuarios
6. La policía vio una caja que contenía heroína
7. Los autores describen a unos personajes que hacen bobadas
8. Los ogros se comen a los niños que son malos
9. Han promulgado una ley que regula las incompatibilidades
10. La política es el hombre que lucha contra el hombre
11. Oiremos las voces de los coros celestiales que cantarán
12. Observamos el sol que describe su órbita
13. Vimos una casa que ardía
14. Echa los huevos en el agua que hierve
15. Los carteros, que están en huelga, no reparten cartas
16. Todavía no conozco a nadie que pinte cuadros
17. Ya he conocido a los pintores que son amigos tuyos
18. Las enfermedades son males que vienen a destiempo

* En estos casos el gerundio tiene además un valor circunstancial (modal, temporal, causal, etc.).

19. Encontraron a los prófugos que salían por la frontera de Portugal

20. Los maestros, que piden esas reivindicaciones, no tendrán ningún éxito

21. Las feministas, que hacen manifestaciones, conseguirán lo que se proponen

IV. *Los gerundios empleados en las siguientes frases son incorrectos en español. Díganos por qué y haga las modificaciones necesarias para que las frases sean correctas:*

1. Cantando es bueno para la salud

2. Bailando es conveniente para adelgazando

3. Por habiendo hecho eso te quedarás castigado

4. Por jugando a la lotería me han tocado dos millones

5. Leyendo inglés es más fácil que hablándolo

6. Después de duchándose se acuesta

7. Me he resfriado por bañándome en agua fría

8. El cólera y la peste son enfermedades haciendo estragos

9. Tú y tu hermano sois niños haciendo burradas

10. Ya ha salido la orden estableciendo la recogida de basuras

11. Decreto nombrando director general a Fulanito de Tal y Tal

12. Estuvimos en casa de Pedro viviendo en Madrid

13. Dieron las normas regulando las elecciones

14. Llegó, marchándose poco después

15. Se escapó el preso, siendo detenido a los dos días

16. Emigró a Cuba hace mucho tiempo, muriendo poco después

17. Tuvo que retirarse a la soledad del campo, recibiendo muchos honores inesperados ya en la vejez

18. Se ha comprado un libro hablando de política exterior

19. El mecánico me arregló el coche estando estropeado

XXVI
PERÍFRASIS VERBALES DE INFINITIVO 1

Observe las siguientes equivalencias:

1. Si no les aumentas el salario, los obreros *se pondrán inmediatamente* = *van a ponerse* en huelga
2. No lo tenia pensado, pero *te ayudaré* = *voy a ayudarte*
3. Nada más llegar los invitados, *empezaremos a comer* = *nos pondremos a comer*
4. Cuando le conté lo sucedido *empezó a llorar* = *se echó a llorar*
5. Nada más llegar Pedro, *empezamos a andar* = *echamos a andar* camino de la sierra
6. *Empezó a redimir* = *se metió a redimir* a los necesitados y le salió el tiro por la culata
7. Últimamente *hemos empezado sin ningún motivo a leer* = *nos ha dado por leer* novelas del oeste
8. El año pasado *los políticos sin que sepamos por qué empezaron a cambiar* = *a los políticos les dio por cambiar* de táctica, y así nos va.

RECUERDE

→ IR A + INFINITIVO: El sentido predominante de esta perífrasis es el de *futuro,* especialmente *futuro próximo.*

→ Ciertas perífrasis señalan el **comienzo** de la acción expresada por el infinitivo, significan el empezar a hacer algo.
Se usan casi exclusivamente con verbos que llevan un **sujeto animado,** o con verbos que expresan **fenómenos de la naturaleza.**

    a) PONERSE A + INFINITIVO: Marca sencillamente que una **acción comienza.** Es la más neutra de todas y la de uso más general.

    b) ECHAR(SE) A + INFINITIVO: Señala que una **acción comienza de modo súbito y momentáneo.**

> Se usa exclusivamente con algunos verbos de movimiento *(andar, correr, caminar, volar,...)*, con verbos que expresan fenómenos de la naturaleza y con *llorar, reír y temblar.**
>
> c) METERSE A + INFINITIVO: Al aspecto de comenzar una acción, se añade el matiz de emprender algo para lo que —según el hablante— uno **no está capacitado,** o algo que uno no está seguro de poder llevar a buen término.
>
> d) DARLE (A UNO) POR + INFINITIVO: Expresa una *acción que comienza y se repite por* **capricho,** sin fundamento ni motivo suficiente para el hablante.

I. *Sustituya lo subrayado por la perífrasis idónea.*

1. Date prisa, que la corrida *está a punto de empezar*
2. Dentro de unos días mis padres *vendrán* a visitarme
3. Esta noche *iremos* al cine
4. Ya he *empezado a leer* tu novela
5. Dice el hombre del tiempo que este fin de semana no *lloverá*
6. La máquina estropeada *empezó a funcionar* sola
7. La máquina estropeada *empezó a andar* sola
8. Como *empiece a arreglar* el coche, lo *destrozará*
9. Cuando vieron a la policía *empezaron a correr* como si los persiguieran
10. Con lo difícil que era esa carrera y *empezaron a estudiar* precisamente arquitectura
11. *Empezó a preparar* al equipo y, como era de espérar, todo salió mal
12. *Caprichosamente empezaron a decir* que era necesario exterminar a los elefantes
13. Ultimamente *se emborracha* a menudo *sin ningún motivo aparente*
14. En las películas de miedo, *empieza a temblar* como un flan
15. *Se casarán* dentro de nada
16. Con el buen tiempo que hacía y *de pronto empezó a tronar y a granizar*
17. El asunto está feo, porque Jorge Juan *ha empezado a dirigir* la empresa de su padre
18. La ley la *promulgarán* el mes que viene
19. *Por las buenas ha empezado a recolectar* plantas de todas clases
20. *De pronto empieza a insultarte* y no hay quien lo aguante

---

* Cercana a esta perífrasis se encuentra otra, poco usada: ROMPER A + INFINITIVO. Expresa que una acción comienza de modo súbito, momentáneo y violento. Se usa sólo con *llover, tronar, granizar, nevar, llorar, reír, tocar* (la música).

21. Alternativamente *empieza a reír o a llorar* sin que puedas enterarte nunca de los motivos

22. Últimamente los profesores *han empezado a aprobar por las buenas* a todos los alumnos

23. De repente *empezó a llover* a lo bestia

24. Emilio *empezó a repartir* los prospectos

25. Precisamente tuvo que ser Julio el que *empezara a recoger* los exámenes

II. *Complete utilizando una de las perífrasis explicadas y diga qué valor adquiere la frase completa.*

1. La casa .... caerse

2. El tren .... salir ya

3. Cuando tenga dinero .... comprarme un coche

4. No creía que Juan .... marcharse tan temprano

5. Tenga cuidado, no.................... caerse

6. Los pájaros súbitamente .... volar

7. Al enterarse del accidente, ella, inesperadamente,................ reír

8. Ante la inminencia de los exámenes (nosotros) .... estudiar intensamente

9. Nada más aparecer las nubes .... llover y nos pusimos empapados

10. No te.................... arreglar problemas ajenos

11. No tenía ni un duro y .... fabricar balones de fútbol

12. Los enemigos, al verse perdidos, se............... correr precipitadamente

13. Cuando la novia lo dejó se .... llorar desconsoladamente

14. Ahora mismo (vosotros) .... terminar los deberes

15. (Tú) .... ir a la farmacia y compras aspirinas

16. (Usted) .... marcharse ahora mismo de aquí

17. No tenían ninguna preparación técnica, se .... correr en competiciones y, como era de esperar, nos dejaron en mal lugar

18. Ahora a los japoneses .... bailar flamenco

19. Este invierno (sin motivo) .... no llover y ya no tenemos agua ni para beber

20. El año pasado (sin motivo) .... ver la televisión y no la desenchufabas ni para dormir.

Ahora analicemos estas equivalencias:

1. No sé qué habrá pasado; yo *he llegado ahora mismo* = *acabo de llegar*
2. Cuando llegamos, Juan *se había marchado inmediatamente antes* = *acababa de marcharse*
3. Tras muchos esfuerzos *consiguió hacerse* = *llegó a hacerse* millonario
4. *Pensamos incluso* = *llegamos a pensar* que no vendríais.

RECUERDE

→ ACABAR DE + INFINITIVO: Presenta la acción expresada por el infinitivo como acabada; designa la acción **terminada recientemente.** Equivale a un tiempo pasado del verbo en infinitivo acompañado de *ahora mismo, recientemente, inmediatamente antes,* o expresiones equivalentes*.

→ LLEGAR A + INFINITIVO: Esta perífrasis envuelve la idea de llegada, de terminación, de **consecución** de un nuevo estado (por ello es equivalente a *conseguir + infinitivo*), o expresa simplemente con cierto énfasis una acción que resulta **inesperada** (y en este sentido equivaldría a verbo + *incluso*).

III. *Utilice perífrasis de infinitivo que sustituyan a las expresiones subrayadas:*

1. En su colección de mariposas *conseguirá reunir* hasta 300 especies
2. *Afirmará incluso* que somos de derechas
3. *Incluso pensará* que lo hicimos queriendo
4. *Ahora mismo he recibido* una carta de Italia
5. *Había terminado* los deberes *inmediatamente antes*
6. *Había acabado* los deberes *justo en ese momento*
7. En su cólera *dijo incluso* que nos mataría a palos
8. Por más que lo intentaba no *lograba probar* su inocencia
9. Tras muchos entrenamientos *consiguió correr* los cien metros lisos en once segundos

* Las correspondencias vendrían a ser éstas:
   acabo de comer = *he comido* ahora mismo
   acababa de comer =*había comido* inmediatamente antes
  El verbo *acabar* ha de ir en presente o en imperfecto; en cualquier otro tiempo *acabar de* recupera su sentido original y es sustituible por *terminar de,* como se observa en:
   1. *Cuando acabaron de firmar el tratado levantaron las tiendas y se marcharon*
   2. *Hasta que no acabó de estudiar no se vino con nosotros.*
   3. *Acabaré de escribir la novela a finales de año*
   4. *Fueron por el pan cuando el panadero todavía no había acabado de cocerlo.*

10. No sabemos cómo, pero *incluso admitió* su culpabilidad

11. Cuando salieron, el sol *se había puesto inmediatamente antes*

12. Estuvimos discutiendo e *incluso nos insultó*

Veamos finalmente estas equivalencias:

1. Finalmente, *estamos = venimos a estar* de acuerdo en todo
2. Al final *se demostrará = se vendrá a demostrar* que los acusados obraron rectamente
3. *Hemos reflexionado de nuevo = hemos vuelto a reflexionar* sobre ese asunto
4. *Una vez más se han registrado = han vuelto a registrarse* actividades terroristas
5. El médico me ha aconsejado que *no fume ya más = deje de fumar*
6. ¡Anda hombre! *no digas ya más tonterías = deja de decir tonterías*

RECUERDE

→ VENIR A + INFINITIVO: Equivale al verbo simple en cuanto a su valor temporal, pero presenta la acción significada por el infinitivo como la **culminación de un proceso gradual anterior***.

→ VOLVER A + INFINITIVO: Marca la **repetición** de una acción, una acción que ocurre otra vez; equivale, pues, al verbo acompañado de *otra vez, de nuevo, una vez más.*

→ DEJAR DE + INFINITIVO: Significa **interrumpir** una acción o acabar con un hábito ("no... ya más").

---

* Otro valor, más frecuente, de esta misma perífrasis lo veremos en la unidad siguiente.

IV. *Sustituya las expresiones subrayadas por perífrasis de infinitivo:*

1. *No nos quejemos ya más* de nuestra miseria
2. La llegada del invierno *cambia* los planes de los campesinos
3. No se te ocurra *hacer* eso *otra vez*
4. Como *salgas otra vez* con esa chica, te arrepentirás
5. A las siete dijo que *ya no trabajaba más* y se marchó
6. Al final *confesó* que su hermano había sido el autor del robo
7. Como *llegues tarde de nuevo* se van a enfadar contigo
8. La democracia, tras algunos titubeos, *sustituirá* al régimen franquista
9. Cuando sonó la alarma *no cantó ya más* y salió corriendo
10. Los científicos del siglo XVIII (tras los tanteos del siglo XVII) *establecieron* las bases de la ciencia contemporánea.
11. Esta bomba recién ideada *destruirá* a la humanidad
12. A los tres meses de casados *ya no vivió más* con su mujer
13. Cuando se presentó mi suegra *ya no escribí más* la carta y *empecé a hablar* con ella
14. Le *han escrito de nuevo* denegándole la beca
15. Si no me contestas *ya no te escribiré más*
16. Si no me contestas *te escribiré otra vez* pidiéndote perdón
17. Fue Galileo quien, con sus investigaciones, *transformó* la concepción científica del mundo
18. Al final le dimos la razón y *no insistió ya más.*

XXVII
PERÍFRASIS VERBALES DE INFINITIVO 2

Observe estas equivalencias:

1. La casa nos *cuesta aproximadamente = viene a costar* dos millones
2. La casa *supongo que nos cuesta = nos cuesta probablemente = nos costará = debe de costarnos* dos millones
3. La mujer, por ser de ideas tradicionales, *opinaba más o menos = venía a opinar* que todos los delincuentes tenían que ser encarcelados
4. La mujer *opinaba probablemente = opinaría = debía de opinar* que todos los delincuentes tenían que ser encarcelados, porque era de ideas tradicionales
5. En el juicio *sostendrá más o menos = vendrá a sostener* que cometió el crimen en defensa propia
6. *Supongo que son = son probablemente = son aproximadamente = serán = deben de ser* las siete; dentro de poco abrirán los portales

En 1., 3. y 5. el hablante SABE que algo *es más o menos* como él dice.
En 2., 4. y 6. el hablante SUPONE que algo *probablemente sea* como él dice.

RECUERDE

→ VENIR A + INFINITIVO: Expresa una idea de acercamiento o de **aproximación**; puede sustituirse por el verbo simple acompañado de *más o menos, aproximadamente.*

→ DEBER DE + INFINITIVO: En el español correcto de una gramática normativa, esta perífrasis indica **suposición** *(probabilidad* o, si hablamos de cantidades, *aproximación).* Su valor es el de
    "(Supongo que) + verbo + probablemente (o aproximadamente)".
y, por lo tanto, equivale a futuro o condicional de probabilidad*.

---

* Véase Unidad III. Más adelante veremos que esta perífrasis se puede identificar y confundir con otra que significa obligación.

I. *Sustituya las expresiones subrayadas por perífrasis con infinitivo.*

1. El conferenciante *dijo más o menos que...*
2. El coche *vale aproximadamente* 350.000 ptas.
3. El libro trata de los atlantes y *dice más o menos* que éstos no existieron
4. En el arte como en la vida, todo *es aproximadamente* lo mismo: cuestiones de estética.
5. La mujer *probablemente creyó* que en su casa había entrado un duque
6. El cartero *llega probablemente* a las cuatro
7. *Se encontraron quizá* el miércoles en Suiza
8. A estas horas Juan *está probablemente* en clase
9. Al fin *seguramente lo había comprendido* todo y no insistió ya más
10. En clase *sé que* hay *más o menos* 18 alumnos
11. El pasado sistema político *era aproximadamente* igual que el anterior
12. ¡Es joven! *Tiene,* si acaso, *unos* treinta años
13. Todos los años en el discurso de inauguración *dicen más o menos* lo mismo
14. En ese trabajo *gana aproximadamente* 15.000 ptas. a la semana
15. *Gasto más o menos* lo que gano
16. No encuentro el mechero; *seguramente lo he perdido*
17. Con los zancos puestos *(sé que) mide unos* dos metros y medio
18. Con los zancos puestos *probablemente mida (unos)* dos metros y medio
19. Cuando llegó Paco *eran más o menos* las tres de la mañana
20. La huelga continúa; *(supongo que) probablemente no han llegado* a un acuerdo todavía.

Ahora observemos estas otras equivalencias:

1. Cuando llegó Jaime *estábamos preparados para = estábamos para* salir
2. Todos *estamos listos para = estamos para* recibir al ministro
3. Estos pantalones *están en condiciones de ser tirados = están para tirarlos* a la basura
4. Todas las tareas de la casa todavía *están sin hacer = están por hacer* (=ser hechas)
5. *Tengo casi la intención de = estoy por* salirme de esta habitación
6. *Estoy casi decidido a = estoy por* no admitirlo en clase si vuelve a llegar tarde
7. El tren *está a punto de = está por* llegar (de un momento a otro)

RECUERDE

→ ESTAR PARA + INFINITIVO: Es un equivalente de *estar preparado para; estar listo para;* o *estar en condiciones de.*

→ ESTAR POR + INFINITIVO: Esta construcción tiene dos valores:

a) Si el infinitivo tiene sentido pasivo, denota una **carencia,** una acción que está sin hacer, una cosa que no está hecha todavía. En estos casos, el agente del infinitivo no es el sujeto de *estar,* y *estar por* es equivalente a *estar sin.*

b) Si el infinitivo tiene sentido activo y el agente del infinitivo es el sujeto de *estar,* la perífrasis tiene uno de estos dos sentidos: o bien expresa la **intencionalidad** o **disposición** más o menos **dubitativa de hacer algo** (en cuyo caso equivale a *estar casi dispuesto a; estar casi decidido a;* o *tener casi la intención de;* el sujeto de *estar* ha de ser una persona); o bien expresa a veces simplemente un **futuro inmediato** (y equivale a *estar a punto de).*

II. *Sustituya lo subrayado por una de las perífrasis recién estudiadas:*

1. Lo hemos limpiado y arreglado, y el almacén ya *está listo para ser alquilado*
2. El pavo ya *está preparado para ser comido*
3. *Estaba preparada para* salir de compras cuando se presentó mi marido echando sangre por la nariz
4. Lo siento, pero no *estoy en condiciones de* hacerte ese regalo
5. *¿Estás preparado para* escuchar cualquier barbaridad?
6. No te marches ahora, porque son las siete y Juan *está a punto de* llegar
7. *Estamos casi dispuestos a* marcharnos a Madrid a terminar la carrera
8. *Estoy casi decidido a* despedirlos de la tienda
9. *Estoy casi dispuesto a* torturar(lo)
10. El profesor *tiene casi la intención de* aprobar (a todo el mundo)
11. Hombre, eso todavía *está sin ser visto*
12. ¡Eh, tú!, no te vayas, que los platos todavía *están sin* secar (=ser secados)
13. Este coche no *está en condiciones de* llevarte hasta Noruega
14. *Estoy casi dispuesto a* ir a la tienda para que nos cambien la plancha
15. Por un momento *tuve casi la intención de* romperte el jarrón en la cabeza

III. *Rellene los huecos con* POR O PARA *y explique el significado que adopta en cada caso la frase completa.*

1. Todavía estoy .... ir a su casa a protestar

2. Las niñas ya han aprobado la selectividad y están .... estudiar cualquier carrera universitaria

3. El chalé está .... construir (=ser construido)

4. Hemos sacado todos los enseres y el chalé ya está .... echarlo abajo

5. Juan, con el dinero que tiene ahorrado, está .... construir un chalé

6. Estoy .... ir y darle una bofetada

7. Está .... no aceptar el dinero

8. Jorge está .... llegar de un momento a otro

9. Todas estas cartas están .... contestar

10. La casa está .... caerse, así que arréglala pronto si no quieres tener un disgusto

11. Sí, pero es que los toros todavía están ... llevar (=ser llevados) al matadero

12. Los toros ya están encerrados en los toriles; están, por tanto, ... llevarlos al matadero

13. Estoy .... lavar la ropa en lugar de irme contigo al teatro

14. Estaba ..... lavar la ropa cuando apareciste con tu traje blanco inmaculado

15. No te marches ahora, porque el concierto está .... empezar

16. La casa está .... hacer

17. Tu primo compró un coche de segunda mano justo cuando tú estabas .... vender el tuyo.

18. No puedo irme contigo al teatro porque todavía estoy .... arreglar

19. El detenido está .... torturar

20. En ciertas legislaciones el verdugo todavía está .... eliminar

21. El verdugo ya está .... eliminar (al condenado)

22. El verdugo está ...... no eliminar al condenado y abandonar la profesión

23. Esta asignatura está todavía .... aprobar

24. Los alumnos están .... aprobar (esta asignatura)

25. El almacén está .... alquilar

26. El cielo está muy nublado; parece que está .... llover

27. No estoy yo .... bailar ahora

Observemos finalmente estas frases:

1. Estaba lloviendo y *tuvimos que pedir* refugio en una casa cercana
2. Estaba lloviendo y *hubo que pedir* refugio en una casa cercana
3. *Hay que estudiar* más si quieres sacar buenas notas

4. *Tienes que estudiar* más si quieres sacar buenas notas
5. *Debes estudiar* más para tener contentos a tus padres
6. *Debes tener* cuidado con ellos, porque no son de fiar.

En 1. y 2. se denota una cierta necesidad; en 3. y 4., algo que se concibe como una obligación; en 5., una obligación tenue; y en 6. no existe propiamente obligación, sino más bien conveniencia o recomendación.

RECUERDE

Las perífrasis obligativas expresan una acción de alguna manera **necesaria u obligatoria** según determinadas leyes, sean las que rigen el mundo físico o el mundo de la voluntad.

→ HABER QUE + INFINITIVO: Forma siempre oraciones impersonales.

→ TENER QUE + INFINITIVO: Es quizá la perífrasis obligativa de mayor frecuencia y uso en la lengua española hablada.
Ambas son prácticamente intercambiables.

→ DEBER + INFINITIVO: Es una construcción que expresa una obligación de tipo moral o ético, una obligación muy leve, o simplemente una conveniencia.

IV. *Sustituya lo subrayado por perífrasis con infinitivo de modo que el significado total no cambie:*

1. *Existe la obligación de* decírselo sin más dilación
2. Si siguen las huelgas *existirá / se dará la necesidad de* cerrar la fábrica
3. *Existe / se da la obligación de* comunicarle que su madre ha muerto
4. *Tenemos la obligación de* aprobar el curso
5. *Tengo la obligación de* castigarlo
6. Si sigue así *necesariamente acabará* mal
7. A estas horas Juan *tiene el deber de* estar en clase
8. *Necesitas* comer si quieres engordar
9. Todos los egipcios *tienen el deber (moral) de* servir a la patria
10. Los alumnos *tienen el deber (ético) de* llegar a clase antes que el profesor
11. *Nos conviene* salir temprano si queremos llegar a tiempo

V. *Use perífrasis obligativas.*

1. .... replantear la cuestión si queremos llegar a una solución de compromiso
2. .... esperar otros tres días para poder comprar el billete
3. ¡No hay más narices! Eso...........ser así
4. No te vayas todavía, porque Mabís........ llegar a las cinco
5. Elena y su padre ...... separarse cuando ella entró en la universidad
6. Ustedes .... darme mis cuatro mil pesetas
7. (Tú) .... saberte todas las lecciones si quieres aprobar[1]
8. Si sigue así .... acabar mal[1]
9. (Yo) .... escarmentarlo[2]
10. (Tú) .... darle lecciones de baile[3]
11. Eran muchos de familia, tenían una casa muy pequeña .... trasladarse a otra mayor

VI. *Explique el sentido de las expresiones subrayadas:*

1. *Iba a* acostarme, pero Juan me telefoneó y *me fui* con él a tomar unas copas
2. *Ha ido a* estudiar (a casa de sus amigos)[4]
3. *Habían ido a* recoger la parva
4. No sabía que Eduardo *hubiese ido a* estudiar arquitectura
5. *Iba a* marcharme de viaje cuando llegó mi familia[5]
6. *Fui a* decirlo y no me dejaron
7. *Iba a* comer, pero no me habéis dejado
8. *Iban a* robar la joyería cuando la policía los descubrió
9. *Iba a* celebrar su cumpleaños pero se le murió la madre
10. *Vete a* freír espárragos

---

1. HABER DE + INFINITIVO: Su uso queda reservado casi exclusivamente a la lengua escrita, a lo literario. Denota una obligación suave, poco conminatoria, como si nosotros mismos nos la hubiéramos impuesto. A veces puede tomar el valor de un mero futuro, donde el matiz de necesidad u obligación es mínimo:
    1. *Mañana han de celebrarse las elecciones*
    2. *No te vayas, que ha de venir en seguida.*
2. TENER DE + INFINITIVO: Su uso es mínimo (al menos en la lengua hablada) y además prácticamente queda reducido a la primera persona del singular.
3. En la lengua hablada, e incluso en la escrita, las perífrasis DEBER DE + INFINITIVO (que, como sabemos, significa probabilidad o suposición) y DEBER + INFINITIVO (que significa obligación) se confunden y las dos pueden aparecer con los dos significados (suposición y obligación).
4. Si el verbo *ir* va en futuro, imperativo o tiempos compuestos, recupera inmediatamente su significado original y propio, y la frase formada ya no es una perífrasis. Tal ocurre con los ejemplos 2., 3., 4. y 10. donde *ir* puede ser sustituido por *marcharse.*
5. Cuando el verbo *ir* va en pretérito indefinido *(fui)* o pretérito imperfecto *(iba)* de indicativo, la frase puede tener un *sentido conativo*, esto es, expresar un intento frustrado, que no llegó a realizarse. Tal es el caso de los ejemplos 1., 5., 6., 7., 8. y 9.

REPASE

FUTURO PRÓXIMO:	ir a	
COMIENZO:	ponerse a	
	echar(se) a	
	meterse a	
	darle (a uno) por	
TERMINACIÓN:	acabar de	
	llegar a	
	venir a	
REPETICIÓN:	volver a	+ infinitivo
INTERRUPCIÓN:	dejar de	
SUPOSICIÓN O APROXIMACIÓN:	venir a	
	deber de	
OBLIGACIÓN	haber que	
	tener que	
	deber	
OTRAS:	estar por	
	estar para	

XXVIII
PERÍFRASIS VERBALES DE GERUNDIO

Preste atención a estas frases:

1. Desde que se convocaron las elecciones *está recogiendo* el dinero necesario para la campaña
2. Desde que se convocaron las elecciones *anda recogiendo* por ahí el dinero necesario para la campaña
3. Poco a poco *va recogiendo* el dinero necesario para la campaña
4. Desde hace algún tiempo, *viene recogiendo* el dinero necesario para la campaña
5. Veo que *estás progresando* con el francés
6. Creo que *andas perdiendo* el tiempo con el francés
7. Veo que *vas progresando* con el francés
8. Noto que hace ya tiempo que no *vienes progresando* nada con el francés.

RECUERDE

→ ESTAR + GERUNDIO: Expresa una **acción en su desarrollo,** una acción que no ha llegado a su final.
Normalmente alarga la duración de la acción expresada por el verbo que está en gerundio, pero en algunos casos *(disparar, besar, dar puñetazos,* etc.) no indica un alargamiento de la acción, sino una repetición de la misma.

→ ANDAR + GERUNDIO: Expresa una **acción que se desarrolla de modo reiterado** y de la que el hablante hace una **valoración peyorativa** o **despectiva.**

→ IR + GERUNDIO y VENIR + GERUNDIO también se refieren a una acción en su desarrollo, que no ha llegado a su final, pero **se añade a la duración la idea de una progresión,** que en *ir* es desde el presente (idea de avanzar hacia un punto) y en *venir* es hacia el presente (idea de avanzar desde cierto punto)

→ ESTAR + GERUNDIO es la de uso más general y puede sustituir a todas las demás.

I. *Utilice perífrasis de gerundio:*

1. .... (dar puñetazos) a todo el que se encuentra por la calle
2. Cuando entré en la habitación, ...(dar puñetazos) a su legítima esposa
3. Ahora mismo no puede recibirnos porque ....(hablar) por teléfono
4. (Nosotros) .... (encontrarse) a cada momento con esa pareja estúpida
5. (Ellos) .... (disparar) la pistola durante toda la noche
6. (Ella) ....(besar) a todo el que se encuentra
7. Tiene las piernas flojas y ....(caerse) siempre
8. Manolo .... (golpear) a Tere durante un buen rato
9. Los alumnos .... (entrar) paulatinamente al examen
10. En la manifestación de ayer los analfabetos ..... (protestar) de su incultura
11. Los analfabetos ....(protestar) por cualquier cosa
12. El niño ....(crecer) y no nos damos ni cuenta
13. Poco a poco (yo) .... (hacer) la casa
14. (Yo) se lo .... (decir) desde hace un año
15. (Ellos) .... (pensar) en la posibilidad de deshacer el tratado
16. De un tiempo a esta parte (nosotros) .... (hacer) todo lo posible por independizarnos de la tutela paterna
17. Desde que lo conozco, (él) .... (amargarme) la vida
18. Poco a poco (nosotros) .... (hacer) los ejercicios
19. Desde hace un mes (nosotros) .... (hacer) ejercicios
20. Félix .... (contarlo) a todo el que se encuentra
21. Les daremos los premios a medida que (ellos) .... (llegar)

II. *Emplee una de las perífrasis de gerundio estudiadas y justifique su elección:*

1. El secretario .... (elaborar) los estatutos
2. El de aquella mesa .... (decir) que no había quien te aguantara
3. Cuando Sancho visitó a Dulcinea, la dama ....(cribar) trigo
4. Todos los días leo un rato; por eso ahora.............. (leer)
5. Todos los días leía un rato; por eso entonces .... (leer)
6. Le .... (pegar) desde hace media hora
7. (Yo) ....(buscar) inútilmente a unos y otros sin parar
8. Todo lo que le .... (ocurrir) es culpa tuya
9. .... (pasar) muchas cosas desde que González murió
10. Pedro, a pesar de que........... (trabajar)............. (sacar) muy bien la carrera

11. (Ella) .... (querer) a sus hijastros cada día más

12. Juanita .... (vivir) de cualquier manera

13. Gana poco, pero .... (tirar)

14. Este dichoso coche .... (estropearse) cada dos por tres

15. Esta mesa coja .... (fastidiarme) desde que la compré

16. Alberto .... (decir) a todo el mundo que tengas cuidado con lo que haces

17. Esta asignatura la pienso aprobar, porque la .... (preparar) día a día

18. Esta asignatura la pienso aprobar, porque la .... (preparar) desde primeros de curso

19. Esta asignatura no la aprueba ni de broma, porque la .... (preparar) por un manual pasado de moda

20. Hasta ahora (yo) no .... (hacer) más que tonterías

21. Hace tiempo que se .... (hablar) de elecciones anticipadas

Ahora atendamos a estas frases:

1. A pesar de haber sonado la alarma, los ladrones (que estaban robando la joyería) no dejaron de robar la joyería = siguieron robando la joyería

2. Estaba hablando de política y no dejó de hablar de política = siguió hablando de política hasta las doce

3. Mi sobrino Francisco hoy trabajará hasta las siete

4. Mi sobrino Francisco hoy a las siete ya no trabajará más

5. Mi sobrino Francisco hoy a las siete dejará de trabajar

6. Mi sobrino Francisco hoy a las siete no dejará de trabajar

7. Mi sobrino Francisco hoy a las siete (no dejará de trabajar, sino que) seguirá trabajando hasta las nueve.

Fíjese que en 5. se marca la interrupción de la acción expresada en 3.; y en 7. se indica, al contrario, la persistencia en esa acción.

8. Ha estado lloviendo tres días y hasta este momento sigue lloviendo = lleva tres días lloviendo

9. Cuando tú llegaste, había estado viendo la televisión dos horas y hasta aquel momento no había dejado de verla = llevaba dos horas viendo la televisión

10. Está comiendo desde hace media hora = lleva media hora comiendo

RECUERDE

→ SEGUIR + GERUNDIO: Marca la **persistencia** o **continuidad en un estado, acción o situación;** equivale a *no dejar de.*

→ LLEVAR + GERUNDIO + EXPRESIÓN DE TIEMPO: Insiste sobre todo en la **duración demorada** y prolongada **de una acción que comienza en el pasado y persiste.**

Se usa especialmente en presente e imperfecto* y equivale a:

— $\left\{ \begin{array}{l} estoy \\ estaba \end{array} \right\}$ + gerundio desde $\left\{ \begin{array}{l} hace \\ hacía \end{array} \right\}$ x tiempo* *

— $\left\{ \begin{array}{l} he \\ había \end{array} \right\}$ estado + gerundio + x tiempo + y hasta $\left\{ \begin{array}{l} este \\ aquel \end{array} \right\}$ momento

* También puede usarse en futuro y en condicional:
   1. *Mañana llevará tres días lloviendo*
   2. *A las ocho llevaré cuatro horas estudiando*
   3. *No sé, pero llevará estudiando lo menos cuatro horas*
   4. *Pienso que cuando lo encontramos llevaría estudiando lo menos cuatro horas*
* * Cuando se trata de una acción habitual o terminada, para expresar duración puede aparecer la perífrasis LLEVARSE + GERUNDIO (o TIRARSE en lenguaje coloquial) seguida de expresión de tiempo:
   1. *(Todos los días) se lleva/se tira estudiando tres horas*
   2. *Cuando era joven se llevaba/se tiraba estudiando tres horas (todos los días)*
   3. *Se ha llevado/se ha tirado tres días lloviendo sin parar*
   4. *Se llevaron/se tiraron cinco horas haciendo el problema*
   5. *Cuando salimos de España, se había llevado/se había tirado lloviendo todo el verano*
   6. *Este camionero, cuando se muera, se habrá llevado/se habrá tirado media vida conduciendo*
Todos los casos equivalen al tiempo correspondiente de ESTAR + GERUNDIO + *durante...*

III. *Sustituya lo subrayado por perífrasis de gerundio:*

1. Juan *no dejó de hacer* de las suyas
2. Amanda *no dejó de fumar,* y eso que el médico se lo tenía prohibido
3. Te aconsejo que *no dejes de beber* vino
4. La niña *estaba saltando* a la comba *desde hacía* más de dos horas
5. Cuando Pedro se marchó, yo *había estado escribiendo* tres cuartos de hora *(y hasta aquel momento)*
6. *Está pensando* comprarse una camisa azul *desde hace* lo menos dos años
7. Sabía que no conseguiría ganar la carrera, pero Sánchez *no dejó de esforzarse* hasta el máximo
8. *No dejó de quererla* cuando se enteró de que salía con otro chico
9. Cuando yo la conocí, *había estado dando* clases particulares tres años *(y hasta aquel momento)*
10. *He estado haciendo* piernas dos horas *(y hasta este momento)*
11. Si *no dejas de vivir* a ese ritmo envejecerás pronto
12. Lo siento, pero pienso *no dejar de vivir* en esta casa
13. El niño *está haciendo* los deberes *desde hace* dos horas y media
14. *Hemos estado viviendo* en esa casa veinte años *(y hasta este momento)*
15. Nada de ponerte a trabajar ahora: *no dejarás de estudiar* arquitectura aunque ya no te guste
16. Cuando murió *estaba deseando* tener un coche *desde hacía* quince o veinte años
17. *Estoy trabajando* en esta universidad *desde hace* siete años
18. *He estado trabajando* en esta universidad siete años *(y hasta este momento)*
19. A pesar de haberse casado, Antonio *no ha dejado de ir* al cine con la misma frecuencia de antes
20. A pesar de la pelea *no dejaron de ser* amigos
21. Cuando convocaron las oposiciones, Pablo *había estado preparándolas* dos años *(y hasta aquel momento).*

Veamos finalmente estos otros ejemplos:

1. Mientras tú te duchas, yo *empezaré a estudiar y seguiré estudiando* la lección de mañana
2. Para sorpresa nuestra, *inesperadamente empezó a cantar peteneras (y siguió cantándolas).*

En 1. es posible emplear *iré estudiando* y en 2. *salió cantando,* en lugar de las palabras subrayadas. (Observe, por lo demás, que IR + GERUNDIO tiene aquí un valor muy próximo al que hemos estudiado un poco más arriba).

IV. *Sustituya lo subrayado por perífrasis de gerundio:*

1. Ahora a partir de las siete ya *empieza a amanecer*
2. *Empieza a hacer* las maletas, que el autobús sale a las doce
3. Cuando menos lo esperábamos, *empezó a decir* que él no se sumaba a la manifestación
4. Para sorpresa nuestra *empezó a hablar* de espiritismo
5. Nos pilló de sorpresa cuando *empezó a contarnos* aquella extraña historia
6. *Empezó a correr de pronto* cuando se enteró de que la novia estaba con otro
7. *Empecé a quererla* desde el mismo momento en que la vi
8. *Repentinamente empezaron a discutir* y si no los separamos, seguro que acaban pegándose
9. Pablo me ha dicho que él *empezará a prepararse* las oposiciones desde el tema primero
10. *Empezamos a correr de repente* porque había habido un accidente

V. *Complete con alguna de las perífrasis de gerundio y diga el valor que adquiere la frase completa:*

1. Juan Antonio .... (vender) papel por toda España

2. Últimamente (yo) .... (atravesar) por un mal momento económico

3. Joaquín .... (difamar) a su mujer porque se gasta mucho dinero

4. No sé por qué, pero mis amigos siempre .... (visitarme)

5. Paloma .... (decir) por ahí que su marido la ha traicionado

6. Tiene una suerte increíble: cada dos por tres .... (encontrarse) dinero en el suelo

7. Levantaron la mesa precisamente cuando yo .... (ganar) la partida

8. Ahora están bien, pero durante los dos últimos años .... (pasarlas) canutas

9. Cuando estaba fuera, mis invitados .... (beberse) mi coñac y me quedé sin nada

10. Mientras Cristina pierde el tiempo, Justo .... (hacer) los deberes

11. Se sentaban a medida que .... (llegar)

12. Últimamente se .... (hablar) mucho de las guerras santas

13. (El) .... (decir) por ahí que lo hemos traicionado

14. Sin darnos cuenta .... (desembocar) en una crisis mundial

15. Desde hace años la parejita reproductora .... (comprarse) cosas para el ajuar

16. (Yo) .... (vivir) quince meses en La Alberca

REPASE

DESARROLLO:	**estar** **andar** **ir** **venir**	
CONTINUIDAD:	**seguir**	+ **gerundio**
REVISIÓN DE LA DURACIÓN:	**llevar** **llevarse** **tirarse**	
COMIENZO:	**ir** **salir**	

XXIX

PREPOSICIONES QUE INTRODUCEN COMPLEMENTOS DEL NOMBRE; COMPLEMENTOS DE INSTRUMENTO Y COMPAÑÍA; Y COMPLEMENTOS DE AGENTE Y CAUSA

A. Complementos del nombre.

Preste atención a las preposiciones que usamos:
1. Prefiero los coches DE / CON tracción delantera
2. Le interesan las novelas DE / CON un solo personaje
3. Hemos conocido a una mujer DE / CON cien años.

Y RECUERDE

El complemento del nombre puede ser introducido por DE y por CON:

→ Se utiliza DE cuando se trata de una **característica** que el hablante considera **esencial** o **fundamental** *(Marujita es de pelo rubio = La chica de pelo rubio).*

→ Se utiliza CON cuando el hablante se refiere a una **característica** que considera **accidental** o **no definitoria** *(En esa fotografía Marujita está con el pelo rubio = La chica con el pelo rubio).*

I. *Utilice la preposición adecuada y precise su sentido:*

1. En la plaza están construyendo un edificio . . . . .muchos pisos
2. Entró en la habitación un señor. . . . . . . ojos grises y . . . . una gorra de plato

3. De su casa salió un hombre desconocido ...... un abrigo verde

4. Nos han ofrecido un vino .... cinco años exquisito

5. Ha comprado una casa .... los techos derruidos

6. Ha comprado una casa .... techos derruidos

7. Hemos conocido a la mujer .... la cara simpática

8. Trajo consigo a una chica .... grandes sentimientos y .... gran corazón

9. He visto a la chica .... las medias azules

10. He visto a Mayte .... medias azules

11. He visto a la chica .... medias azules

12. He visto a una chica .... (unas) medias azules[1]

13. Aquel hombre .... las manos grandes nunca llegó a golpearme

14. Siempre odió a las mujeres ..... el cutis sonrosado y las manos húmedas

15. Nunca le gustaron las mujeres ...... cutis sonrosado y manos húmedas

16. Se me ha perdido el cuaderno .... las cuentas

17. Pusieron en la puerta un arco triunfal .... junco verde y adornado .... laurel y .... retama

18. Los caballeros de la tribuna, ... levita y pantalón a rayas, entregaron los diplomas a los mejores alumnos

19. De improviso se presentó un niño .... pantalones cortos

20. De improviso se presentó el niño .... pantalones cortos

21. De improviso se presentó el niño .... los pantalones cortos

22. De improviso se presentó Juanito .... pantalones cortos

23. Le gustan las novelas .... mucha acción

24. Vendió un burro .... cinco años

25. Tiene dos hijos: uno .... siete meses y otro .... veinte años

26. En León visitamos una iglesia .... amplios y vistosos ventanales

27. En León visitamos a las monjas .... los hábitos cortos

28. Adquirió un yate .... 500 caballos de vapor

29. Me gustan las casas .... habitaciones espaciosas

30. Ahora venden paquetes de tabaco .... 10 cigarros

---

1. A través de los ejercicios 9.-12. se puede comprobar que lo que en realidad sucede es que DE tiene función especificativa (y sirve para identificar la persona o la cosa significada por el nombre), mientras que CON tiene función explicativa (y sirve para calificar al nombre):

    9'. *He visto a la chica que tenía (las) medias azules* (no a otra chica)
   10'. *He visto a Mayte, que (=y Mayte) llevaba medias azules*
   11'. *He visto a la chica que tenía medias azules*
   11". *He visto a la chica, que (=y la chica) llevaba medias azules*
   12'. *He visto a una chica que tiene medias azules*
   12". *He visto a una chica, que (=y esa chica) llevaba medias azules*

Observe estas frases:

1. *Un saco con arroz:* 'un saco con algo de arroz' o 'un saco de cualquier cosa (patatas,...) que ahora tiene algo de arroz'.
2. *Un saco de arroz:* 'un saco totalmente lleno de arroz' o 'un saco (incluso vacío) que sólo sirve para ser llenado de arroz'.
3. *Un reloj de oro:* 'un reloj hecho exclusivamente de oro'.
4. *Un reloj con oro:* 'un reloj hecho con oro y con otros materiales'.

COMENTARIO

Cuando se expresa el contenido (en sentido amplio) o la materia, DE y CON pueden concurrir con ciertos matices en el significado:

→ DE equivale a *'lleno de'* o *'hecho exclusivamente de o para'.*

→ CON introduce un cierto sentido partitivo, y puede equivaler a *'con algunos', 'con algo de', 'hecho* $\{ \begin{smallmatrix} en \\ con \end{smallmatrix} \}$ *parte* $\{ \begin{smallmatrix} con \\ de \end{smallmatrix} \}$ *'*

II. *Busque el equivalente de las preposiciones:*

1. Un vaso de agua / Un vaso con agua
2. Una cesta de patatas / Una cesta con patatas
3. Una lata de tomates / Una lata con tomates
4. Una casa de mármol / Una casa con mármol
5. Hemos visto una chaqueta de cuadros preciosa / Hemos visto una chaqueta con cuadros preciosa
6. He perdido la cartera de la documentación / He perdido la cartera con la documentación
7. Mesas de madera / Mesas con madera
8. Tráete la maleta de la ropa / Tráete la maleta con la ropa
9. Nos enviaron un cargamento de medicinas / Nos enviaron un cargamento con medicinas
10. Construyeron un refugio de piedra / Construyeron un refugio con piedra
11. Hizo un jersey de lana / Hizo un jersey con lana
12. Ahora fabrican gafas de plástico / Ahora fabrican gafas con plástico

1. La catedral DE (=que está en) Salamanca es románica
2. Todavía no he visto el hipódromo DE (=que está en) Madrid.
3. Los pupitres DE (=que están en) esta clase son muy baios

COMENTARIO

El complemento del nombre puede expresar también la **localización** en un sitio de la persona o cosa a que se refiere el sustantivo que precede a la preposición. Estos complementos de ubicación siempre llevan DE.

III. *Utilice preposición:*

1. Las casas .... las Hurdes eran de piedra
2. El Palacio de la Moncloa .... Madrid es la residencia del presidente del Gobierno
3. Las personas .... la clase no pueden votar
4. El patio .... mi casa es particular
5. Dormirá en una habitación .... la tercera planta
6. Todos los pueblos .... Castilla tienen plaza mayor
7. Mañana vendrán a visitarnos los estudiantes .... el colegio "Santo Ángel"

IV. *Utilice preposición y precise su sentido:*

1. Paseando nos dimos de bruces con un enjambre .... abejas
2. Enrique ha sembrado el campo .... trigo y cebada
3. Pasamos el domingo en el campo, en un monte .... encinas
4. No hay paisaje más bonito que un bosque .... abetos
5. Hemos comprado un saco .... patatas para todo el mes

B. Complementos de instrumento y compañía.

Preste atención a estas equivalencias:

1. El pescador recogió los peces *utilizando* = *con* la red
2. Cerró la puerta *utilizando* = *con* la llave
3. He escrito mil folios *utilizando* = *con* un solo bolígrafo
4. Hablaba *utilizando* = *con* un micrófono

```
┌─────────────────────────────────────────────────────────────────────┐
│                                                                       │
│  Y RECUERDE                                                           │
│                                                                       │
│  El instrumento, medio o procedimiento con que se hace algo es intro- │
│  ducido fundamentalmente por la preposición CON.                      │
│                                                                       │
└─────────────────────────────────────────────────────────────────────┘
```

V. *Sirviéndose del esquema que le damos, resuelva estas frases con preposiciones:*

1. Mi padre *utilizó* el taladro *para* hacer el agujero
   — Mi padre hizo el agujero *con* el taladro
2. Acérquese y utilice la manta para calentarse[2]
3. El asesino utilizó la piqueta para matarlo
4. El viejo utilizó una gruesa piedra para golpearme
5. El diccionario nos sirvió para hacer la traducción
6. Se sirvió del asqueroso chantaje para conseguir sus propósitos
7. Solían utilizar agua fría para bañarse
8. Utilizando ese régimen alimenticio conseguirán adelgazar
9. Estuvo dos años utilizando las barras paralelas para hacer gimnasia
10. Utilizó pantalones vaqueros para venir a la fiesta
11. Los estudiantes se sirven de cualquier pretexto para dejar de estudiar
12. Para expresar la compañía se usa la preposición *con*
13. Para hablar utilizaba su voz cálida y acogedora
14. Utilizó un cuchillo para cortar el jamón
15. Utilicé el trapo para limpiar el vaso
16. Se sirvió de un hacha para cortar el árbol
17. Emplearon dinamita para matar al presidente
18. Los campesinos utilizan el arado para abrir la tierra

Observe estas equivalencias:

1. Vino *en compañía de* = *con* sus padres
2. *En tu compañía* = *contigo* iría a cualquier parte
3. El profesor hizo el trabajo *en compañía de* = *con* sus alumnos

2. Observe que en todos estos casos el sujeto del verbo ha de ser animado.

VI. *Sustituya lo subrayado por una preposición:*

1. Pasé el verano pasado *en su (de ellos) compañía*
2. El verdugo lo ejecutó *en compañía de* su ayudante
3. Me fui de viaje *en compañía de* mi mujer
4. Los animales viven unos *en compañía* de otros
5. Se fue al cine *en compañía de* sus amigos
6. El vino *unido a* la gaseosa está bueno
7. Simpre guardo los lápices *junto a* las plumas
8. El arroz *unido a* mariscos y otras menudencias es el componente básico de la paella
9. Cuando los encontré estaban *en compañía de* Ignacio
10. Estuve tomando cañas *en compañía de* los alumnos

Observe estas equivalencias:

1. El médico y el notario colaboraron para despojarlo de su hacienda ⟶ Entre el médico y el notario lo despojaron de su hacienda. (= El médico con el notario lo despojaron de su hacienda; el médico lo despojó de su hacienda con el notario).
2. El padre y el hijo colaborarán para hacerlo posible ⟶ Entre el padre y el hijo lo harán posible. (= El padre con el hijo lo harán posible; el padre lo hará posible con (la ayuda de) el hijo).

COMENTARIO

La preposición ENTRE puede presentar un **valor asociativo** (próximo al de compañía) y expresar repartición, asociación, participación o cooperación en la realización de una acción, si se dan estas tres condiciones:
   1ª). Que ENTRE aparezca delante de un nombre o pronombre en plural o delante de varios nombres o pronombres unidos por Y.
   2ª). Que los nombres sean animados
   3ª). Que los nombres o pronombres sean sujetos del verbo.

VII. *Aplique a las siguientes frases el esquema que le ofrecemos arriba.*

1. Todos colaboraron para cargárselo
2. El profesor y los alumnos colaboraron para hacer el trabajo
3. El gobierno y la oposición colaboraron para elaborar el proyecto de constitución
4. Justo y yo colaboraremos para repartirnos la responsabilidad
5. Mi suegra y mi mujer están colaborando para volverme loco
6. Los médicos y los malos amigos colaboran para arruinarme
7. Todos nosotros colaboraremos para terminar la tarea.
8. Las ovejas y las cabras participaron en comerse la cosecha.
9. Griegos y romanos participaron en echar las bases de la cultura occidental
10. Julio, tú y yo colaboramos para hacer este libro.
11. El verdugo y su ayudante colaboraron para ejecutar al reo
12. Las medicinas y los vicios colaboraron para dejarme sin dinero
13. La lluvia y el granizo colaboran para destruir el sembrado[3]

C. Complementos de agente y causa.

Observe las preposiciones que usamos:

1. Es DE / POR todos sabido que la democracia ya reina en España
2. Los indios fueron rodeados POR el Séptimo de Caballería

Y RECUERDE

→ El complemento agente de las construcciones pasivas es introducido por la preposición POR.

→ Hay casos en los que, si no hay verdadera acción, es decir, si el agente no actúa realmente, es posible (aunque no frecuente) usar la preposición DE.

---

3. Tenga cuidado, porque en estos dos últimos ejemplos no es normal aplicar el esquema, ya que los sujetos no son animados. Si lo aplicamos, surgen frases poco satisfactorias:
   NO: *Entre las medicinas y los vicios me dejaron sin dinero*
   NO: *Entre la lluvia y el granizo destruyeron el sembrado.*
Hay, no obstante, casos en los que ENTRE tiene un sentido parecido al que estudiamos aquí aunque no se den las condiciones mencionadas:
   Entre las medicinas y los vicios me quedé sin dinero
   Entre lluvias y granizos, el sembrado quedó destruido
   Entre (tanto) ir y venir acabamos cansados
   Entre griegos y romanos se construyó buena parte de la historia antigua de Occidente.
(En estos casos se trata de complementos de causa o de agente que actúan de modo combinado).

VIII. *Transforme en pasiva las siguientes oraciones.*

1. Los técnicos arreglaron la máquina
2. El vendaval arrancó los árboles
3. Los enemigos devolvieron al prisionero
4. Los gitanos edifican muchas casas en este barrio
5. Su verbo fácil y eficaz nos fascinó
6. El preso confesó todos los pecados; y los inquisidores lo quemaron en la hoguera
7. Los niños rompieron los juguetes que les trajiste
8. Todos sabemos que el culpable eres tú
9. Su declaración convenció plenamente al comisario
10. Las últimas lluvias han producido todos estos destrozos
11. Se suicidó porque la novia lo había dejado
12. Todos conocen a la perfección sus cualidades

Estudie las preposiciones que usamos:

1. Si la enfermedad no lo derrota, se morirá DE lo viejo que es
2. Si la enfermedad no lo derrota, se morirá POR lo viejo que es
3. No se podía andar POR el viento
4. No se podía andar DE (el) viento que hacía (POR)
5. No se podía andar DE tanto viento como hacía (POR)

COMENTARIO

→ Los complementos de **causa** son introducidos generalmente por la preposición POR.

→ Pero: *pueden* ser introducidos por la preposición DE (y por POR) siempre que en la causa exista una *ponderación**:
  — (LO) + *adjetivo* + QUE + *"ser" o "estar"*
  — TANTO, -A, -OS, -AS + *nombre* + COMO + *verbo*
  — *artículo* + *nombre* + QUE + *verbo*.

---

* Algunas excepciones: *morir de/por (hambre); asombrarse de/por (su audacia); saber de/por (buenas referencias); de milagro.*

IX. *Utilice la preposición adecuada:*

1. Daba gusto estar con ella........lo simpática y agradable que era
2. Nos reímos de ti........ lo tonto que eres
3. Se relaciona con Maruja ....el dinero, no.......... la amistad
4. No celebraron la boda ....la reciente muerte del padre de ella
5. No celebraron la boda ....lo reciente que estaba la muerte del padre de ella
6. Experimentó una inmensa ira contra David ....su imbecilidad
7. Experimentó una inmensa ira contra David ...... lo imbécil que éste era
8. Si tuvieran que defender sus derechos lo harían ..... egoísmo, nc .... la certeza de su fundamento
9. Le toman el pelo .... lo buena (persona) que es
10. ......la suerte que tiene, le han tocado tres veces seguidas las quinielas
11. No se veía apenas ....la niebla
12. No se veía apenas .... la niebla que había
13. No se veía apenas .... tanta niebla como había
14. Estuve a punto de caerme .... lo oscuro que estaba
15. Está muy mimada .... tantos caprichos como le han consentido
16. No pudimos escalar la montaña.......la nieve que estaba cayendo
17. No pudimos escalar la montaña....... tanta nieve como estaba cayendo
18. No pudimos escalar la montaña........ la nieve
19. Se relaciona con ella .... lo guapa que es
20. Se va a casar con ella .... tanto dinero como tiene
21. Se van a ir a vivir juntos........amistad
22. Se van a ir a vivir juntos......lo amigos que son
23. Se van a ir a vivir juntos.....la amistad tan grande que se profesan
24. Se van a ir a vivir juntos.....tanta amistad como se profesan
25. .....tantas muertes como había habido en la familia aquel año, decidieron no festejar las navidades
26. ...... las muertes que había habido en la familia aquel año, decidieron no festejar las navidades
27. Se asustaba de cualquier cosa ....miedosa que era
28. Se va a casar con ella .... el dinero que tiene

XXX
'A', 'PARA', 'POR':
EL COMPLEMENTO INDIRECTO Y LA FINALIDAD

Observe las preposiciones que empleamos:

1. Dieron la limosna A los pobres *(LES)*
2. Declaró toda la verdad A su abogado *(LE)*
3. Enseña gramática A los extranjeros *(LES)*
4. La policía retiró los pasaportes A los terroristas *(LES)*
5. Dieron limosna AL cura PARA los pobres
6. Declaró toda la verdad A su abogado PARA salvarse
7. Enseña gramática A los extranjeros PARA que éstos lo traten bien
8. La policía retiró los pasaportes A los terroristas PARA evitar que abandonaran el país

---

Y RECUERDE

→ El **complemento indirecto** (sustituible por *LE, LES*) es introducido siempre por la preposición A.

→ La preposición PARA puede introducir **complementos de destinatario** (sólo seguida de nombre o equivalente) y **de finalidad,** destino o uso (seguida de nombre, de infinitivo o de QUE + subj.).

I. *Utilice la preposición A O PARA*

1. Ha traído regalos . . . . todos
2. Hemos recibido subvenciones . . . . todas las empresas
3. El inspector recogió la documentación . . . . los exiliados
4. El inspector pidió . . . . . el juez la documentación . . . . los exiliados

5. Entregó los documentos ...... el director ....el archivo

6. Recitó la lista de los reyes godos .... el profesor

7. Se vende plástico .... forrar libros

8. Pasó toda su herencia .... un notario .... que la repartiera entre sus sobrinos

9. Cedió su puesto ....una niña enferma

10. Os traigo esto ....vuestro jefe

11. Donó diversos objetos litúrgicos .... la iglesia

12. Le he escrito ....María, pero no ....su hermano

13. ...... Pedro siempre le he deseado lo mejor

14. Siempre he deseado lo mejor ...ti y .... tu familia

15. Le di un mensaje .... ti

16. Te daré un mensaje .... él

17. No tengo demasiado dinero .... gastos superfluos

18. Han abierto un consultorio .... enfermos del corazón

19. Esta semana hemos ahorrado dinero .... la discoteca

20. No tengo dinero .... que lo gastes en tonterías

21. No tengo dinero .... gastarlo en tonterías

22. Le di a Juan el vale .... la comida

Observe las preposiciones empleadas.

1. Jaime vino PARA /A hacerse cargo de las deudas

2. Nos acercamos PARA / A investigar las causas

3. Vengo PARA / A que me reconozcan

4. Se asomó al balcón PARA / A ver la procesión

5. Nos hemos ido a Canarias PARA / A descansar y PARA que mis padres se queden tranquilos unos días.

6. Voy (a tu casa) PARA que tú puedas dormir la siesta

COMENTARIO

Para introducir complementos de finalidad:

→ PARA: es posible en todos los casos.

→ A + INFINITIVO: Puede utilizarse también, pero sólo con verbos que signifiquen *movimiento*. El sujeto del infinitivo es el mismo del verbo principal.

→ A + QUE + SUBJUNTIVO: Puede aparecer también con verbos de movimiento, pero solamente cuando el *sujeto* del verbo de movimiento está *implicado en la acción del verbo subordinado* en subjuntivo (NO: *vete a que ella pueda salir;* SI: *vete a que te vea el médico).* Si esto no sucede, hay que emplear PARA + QUE + SUBJUNTIVO. Con A QUE y con PARA QUE el sujeto del verbo principal y del subordinado deben ser distintos.

II. *Utilice preposiciones de las estudiadas y especifique su sentido.*

1. .... evitar accidentes, lo mejor es quedarse en casa
2. Salieron a la terraza .... ver qué pasaba
3. Entregaremos la recompensa ...... quien descubra el paradero del cantante
4. Entregamos la recompensa ..... el alcalde .... obras benéficas
5. Tras el accidente, todos corrieron .... ayudar a los heridos
6. Han inventado un aparato especial ..... los enfermos de bronquitis
7. Esta crema resulta ideal .... las pieles grasas
8. Joaquín ha comprado un albornoz .... toda la familia
9. Mañana volveremos .... terminar los preparativos .... la fiesta
10. Cuando vuelvas a casa .... reparar la tubería, te pagaré
11. Acudimos rápidamente .... ver el eclipse
12. Fui al taller .... que me arreglaran el coche
13. Reservaremos una butaca .... ti y otra .... tu novia
14. Mañana iremos a la consulta ...... que te vea el medico
15. Tarde o temprano volverán a casa de sus padres ..... pedir perdón
16. Este bolígrafo es estupendo .... escribir boca arriba
17. ¡Corre .... ver qué quieren ahora!
18. Vete .... que te arreglen el coche
19. Salgo .... que me dé el sol
20. Salgo .... que ella pueda fregar tranquila
21. Corrí .... que le diesen el diploma
22. Se alejaron de la carretera .... que el coche pudiera pasar
23. Vengo .... que le reparen las piezas .... mi vecino
24. Me iré yo con los niños ..... que tú puedas dormir sin ruidos
25. Me marcharé temprano ...... que María pueda salir después de cenar

Observe las preposiciones empleadas:

1. Hablé con él PARA / POR no parecer maleducado, no porque tuviera ganas
2. Se puso el chubasquero PARA / POR no mojarse
3. Saldremos temprano PARA / POR no llegar tàrde a la cita

COMENTARIO

Los infinitivos complementos de finalidad, en algunos casos, pueden también ser introducidos por la preposición POR, que concurre con PARA:

→ PARA enuncia la mera finalidad o propósito, sin implicación personal (= 'con el fin de', 'a fin de').

→ POR añade una nota de esfuerzo o de interés, de intención personal o de **deseo de obtener algo** (='con el deseo de', 'porque querer'). En todo caso, PARA siempre es correcta.

III. *Utilice una de las preposiciones estudiadas aquí:*

1. Se fueron a Madrid . . . . estudiar arquitectura
2. Luchaba . . . . no dejarse arrebatar sus cosas más íntimas
3. Vine . . . . ayudarte, no porque tuviera ningún interés personal
4. Trabaja como un loco . . . . aprobar todas las asignaturas, ... no recibir suspensos
5. Salieron de la casa . . . . buscar a los ladrones
6. Los ojeadores, cuando vieron las perdices, se adelantaron . . . . levantarlas
7. Me voy . . . . no aburrirme
8. Canto . . . . no sentirme solo
9. Se reunieron . . . . ver si lo localizaban
10. Ocultaron el botín . . . . evitar que la policía lo descubriera
11. Me asomé a la puerta . . . . ver si venían
12. La fiesta se acabó no por aburrimiento, sino . . . . . no molestar a los vecinos
13. Se compraron una cama grande . . . . dormir los dos juntos
14. No estudio . . . . ganar dinero, sino . . . . aprender
15. ¡No, no! No es por nada, sólo. . . . . saberlo
16. Nos lo dijo . . . . tranquilizarnos, no porque él se lo creyera
17. Te lo digo . . . . evitar males mayores
18. Haré eso que me pides . . . . colaborar contigo, aunque no me gusten tus métodos
19. . . . . conseguir una buena posición era capaz de cualquier cosa
20. . . . . . no incomodar a los padres de María, será mejor que salgamos por la otra puerta
21. Lo haré . . . . tenerte contenta, Josefina

Observe las palabras subrayadas:

1. El leñador ha ido al campo *en busca de* / *por* leña.
2. Había ido *a comprar* / *por* pan y cuando volví ya te habías marchado

---

COMENTARIO

Derivado de este sentido de finalidad, POR puede significar *'en busca de' 'a comprar'*, *'a recoger'* cuando aparece en la siguiente estructura:
verbo de movimiento + POR + nombre
Hoy es muy frecuente que POR con este sentido vaya precedido de la preposición A:
Salí a por tu padre

IV. *Sustituya las palabras subrayadas por la preposición idónea:*

1. Hemos mandado al niño *a comprar* la medicina
2. Salió *a comprar* vino con una jarra
3. Fuimos *en busca de* folios hasta la librería
4. Lo envié a correos *en busca de* un reembolso
5. Vino a casa *en busca del* libro que me prestó
6. Luego iremos *a recoger* la bicicleta

V. *Utilice una de las preposiciones estudiadas y precise su sentido.*

1. Compró unos regalos .... sus hijos, pero acabó dándoselos .... sus sobrinos
2. Recogió todo lo que pudo .... los más necesitados
3. Los países desarrollados suelen mandar medicamentos .... los enfermos de los países del tercer mundo
4. Deseaba daros una oportunidad........todos
5. Se acercó hasta Sevilla ..... ver a sus compañeros de clase
6. Hicieron todo lo posible ....localizarlo, pero todo fue inútil
7. Se inclinaron ....no recibir los golpes en la cara
8. No está en casa: ha salido......un paquete que hay en correos ....él
9. David se inclinó ....oler las flores
10. Confesó .... Agustín que la idea databa de un recuerdo infantil

11. Salió apresuradamente . . . . comprar más pan . . . . los invitados

12. Gerardo se acercó . . . . pagar antes de que llegase la chica

13. Hemos comprado un saco de patatas . . . . el asilo

14. Fui al sastre . . . . que me hiciera un traje . . . . . . la boda de mi hermana

15. . . . . la muchacha no le faltan ideas

16. No puedes exigir . . . . nadie tus propios vicios y virtudes

17. Acércate hasta la tienda . . . . mi magnetófono

18. Hablaré en tono suave . . . . no emplear palabras injuriosas y . . . . no herir susceptibilidades

19. Todo parecía dispuesto . . . . el rodaje de una película

XXXI
LA PREPOSICIÓN 'A' Y EL COMPLEMENTO DIRECTO

Vamos a detenernos un poco en las siguientes frases:

1. Envió dos paquetes por correo
2. Envió A Pedro por el paquete
3. Envió A Canelo por el periódico
4. Envió un hombre a la muerte
5. Envió A un hombre a la muerte

Y RECUERDE

→ El complemento directo es introducido directamente, **sin** necesidad de **preposición** alguna. Pero

→ El complemento directo es **introducido por la preposición A** cuando se refiere a una **persona o animal** que son o bien **conocidos** o bien **específicos.**

I.   *Utilice la preposición A cuando sea necesario.*

1. Compró . . . . un piso en la playa
2. Envió . . . . su secretaria por el correo
3. Envió . . . . dos cachorros para que los examinara el veterinario
4. Envió . . . . tu hermano, pero no quiso ir
5. No le gusta recibir . . . . visitas
6. Hizo . . . . las maletas muy de prisa
7. El coronel revisó . . . . las instalaciones
8. Envió . . . . una carta al ministerio

9.   Envió . . . . un criado para que le resolviera la papeleta

10. Iluminó suavemente . . . . .su habitación para recibir . . . . las visitas

11. Dios iluminó . . . . Moisés

12. Visitamos . . . . Francia el verano pasado

13. Ayer visitamos . . . . los hermanos Pérez

14. Abandoné . . . . Sevilla para venirme a Salamanca

15. Vimos . . . . Roberto en el andén

16. No vimos . . . . ninguno de ellos en el mitin

17. Estamos esperando . . . . los niños

18. Llamaré . . . . el portero para que me arregle la calefacción

19. Quiere mucho . . . . sus hijos

20. Con tus ideas has estropeado . . . . este niño

21. No he visto . . . . nadie en el campo[1]

22. No he visto . . . . ningún hombre en el campo; sólo había mujeres

23. Han entregado . . . . sus hijos a las autoridades

24. Prestamos . . . . el perro a los López

Tenga cuidado, porque en las dos últimas frases, los complementos directos *(sus hijos; el perro)* se refieren a personas o animales conocidos o específicos y, sin embargo, lo más normal es que no lleven A.

COMENTARIO AL EJERCICIO I

Si el verbo lleva complemento directo y complemento indirecto, y el complemento directo es animado, lo más usual es que **no se emplee** la preposición A ante el complemento directo; con ello se trata de evitar la repetición de dicha preposición.

II. *Elimine la preposición A cuando no sea necesaria:*

1. Estamos esperando AL tren

2. Ya has vuelto a estropear A ese transistor

3. Hemos comprado A dos ceniceros

4. Hemos comprado A dos esclavos que nos hacen la comida

5. David apartó A Juana de su camino

---

1. *Alguien* y *nadie,* cuando son complemento directo, siempre llevan la preposición A.

6. La religión dice que hay que querer mucho A los padres y A los hermanos
7. A estos borrachos no hay más remedio que soportarlos
8. Adela por fin se decidió a presentar AL novio a sus padres
9. Ofreció A sus hijos a los dioses
10. Cuando se le recuerda al anciano A su mujer llora
11. A los libros y A las estrellas saludé y nada me respondieron

Según la regla general, en 4. sería necesaria la preposición *(dos esclavos* se refiere a personas específicas) y en 11. la preposición sobraría *(los libros y las estrellas* se refieren a cosas). Sin embargo, lo esperable en español es que en 4. no se emplee A y en 11., sí. ¿Por qué?.

COMENTARIO AL EJERCICIO II

→ Con nombres de cosa, suele aparecer la preposición A cuando tales nombres dependen de un verbo cuyo complemento directo es normalmente un nombre de persona.

→ Con nombres de persona o animal, puede no emplearse la preposición A cuando tales nombres dependen de un verbo cuyo complemento directo es normalmente un nombre de cosa.

III. *Elimine la preposición A cuando no sea necesaria.*

1. Ha inventado A un gato (electrónico) que caza ratones
2. Ese zoólogo es el que descubrió A los osos polares de que hablaba el doctor Nerson
3. Esta compañía discográfica ha lanzado A un nuevo cantante que se llama Julito Catedrales
4. He tenido que vender A los perros que me regalaste
5. Con sus consejos consiguió recomponer A la familia de los Pujols, que estaba prácticamente deshecha
6. Es el nuevo cura, el que ha arreglado A ese grupo juvenil
7. Compró A el caballo de carreras que le recomendaste
8. Tiró A sus hijos por el barranco y se quedó tan tranquilo
9. Unos dibujantes japoneses inventaron A Heidi
10. Es tan cruel que hace llorar A las piedras

11. Se pasa la vida invocando A la muerte

12. En una sesión de espiritismo invocó A su madre muerta

13. Los del castillo hacían caer A las piedras desde lo alto de la torre

14. Mejor que eso prefiero A la muerte

15. Le gustaba llamar A las cosas por su nombre

16. Se toma A los insultos como una cosa personal

17. Cueste lo que cueste hay que salvar A los monumentos antiguos de la destrucción.

18. Es preciso resolver A estos crucigramas

19. Al volver se encontró A la casa desordenada

20. Consigue poner contentos incluso A los coches

IV. *Utilice la preposición A donde sea necesario:*

1. Yo siempre he tratado bien . . . mis alumnos y mis alumnos siempre me han tratado bien . . . . mí

2. Entregó . . . . sus padres al enemigo

3. Estoy buscando . . . . un canalla para partirle la cara

4. Los romanos no vendían . . . . sus esposas cuando se cansaban de ellas

5. Le gustaría tener en su casa . . . . un amante[2]

6. Le gustaría tener en su casa . . . . . un amante rico

7. Le gustaría tener en su casa . . . . . un amante de Teruel

8. Le gustaría tener en su casa . . . . un amante que le comprara muchos regalos

9. Le gustaría tener en su casa . . . . . un amante con mucho dinero

10. Su mujer está esperando . . . . un bebé

---

2. Cuidado con el verbo *tener*: a veces aparece sin A cuando, de acuerdo con la regla general, debería llevarla. Ello ocurre, por ejemplo, en frases que indican parentesco *(tengo tres hermanos; tiene un hijo)* o pura posesión.

  Tener a equivale a una frase con *ser* o con *estar;* por ejemplo:

  > *Tiene a la mujer dominada = Su mujer está dominada*
  > *Tengo a la mujer en la playa = Mi mujer está en la playa*
  > *Tienes a la familia feliz = Tu familia es feliz*

V. *Elimine las preposiciones que no sean correctas.*

1. Busco A una secretaria
2. Busco A una secretaria joven
3. Busco A una secretaria de buenas cualidades
4. Busco A una secretaria que conocí ayer
5. Busco ∧ una secretaria que es eficaz
6. Busco A una secretaria que sea eficaz
7. Ve A enemigos por todas partes[3]
8. Busco A secretarias eficaces
9. Ha contratado A carpinteros para que le hagan la mesa
10. El dueño de la casa está apalabrando A albañiles
11. El dueño de la casa está apalabrando A los albañiles
12. Tiene A los hijos estudiando en Madrid

VI. *Utilice la preposición A ante los complementos directos que la necesiten.*

1. Yo ....mi perro lo quiero mucho
2. Tenían .... dos vacas y ...... tres gallinas en el corral de la casa
3. Cuando estuvo en Africa mató .... dos leones y ....un tigre
4. No tuvo más remedio que matar .... su caballo favorito
5. En la cacería cogieron ....un jabalí y .... un zorro vivos
6. Vi .... Canelo merodeando por el jardín
7. Tengo unas ganas de pillar ....ese gato
8. Se pasó la noche matando ....gorriones
9. Para comer tuvimos que matar .... un pollo
10. Tiene ....las ovejas pastando en el campo
11. El gato atrapó .... el ratón
12. El perro mordió .... el gato
13. El conejo asustó ....la muchacha
14. El muchacho asustó .... el conejo
15. La ardilla vio ....el búho
16. El búho vio ....la ardilla

---

3. Cuando el complemento directo es un nombre en plural y sin artículo, nunca lleva preposición (porque ese nombre siempre es inespecífico).

15

XXXII

PREPOSICIONES QUE INDICAN DIRECCIÓN Y PROCEDENCIA

A. La dirección.

Detengámonos en estas oraciones:

1. Voy A Madrid
2. Salieron HACIA Madrid a dedo, pero no sé si llegarían
3. Llegaron a pie HASTA Madrid
4. Iban andando AL campo
5. Iban andando PARA el campo
6. Iban andando HACIA el campo

Y RECUERDE

Con verbos y nombres que expresan movimiento, las preposiciones A, HACIA, PARA y HASTA indican todas dirección, lugar al que nos dirigimos. Sus diferencias residen en la consideración del término o límite de esa dirección:

→ Con A se marca el **destino,** el movimiento hacia un término preciso que se espera alcanzar.

→ Con HACIA lo que interesa es el **camino,** la idea de dirección hacia un punto. Al hablante no le interesa propiamente el término y se desentiende de si éste llega a alcanzarse o no *("camino de", "en la dirección de").*

→ Con HASTA se hace hincapié en el **término** o límite; al hablante le interesa específicamente el punto terminal de la dirección.

→ PARA, en el lenguaje coloquial, puede emplearse en lugar de HACIA y de A.

I. *Coloque en las frases una de las preposiciones estudiadas y justifique su elección:*

1. Los barcos llegaron .... el puerto a las tres
2. Por fin llegué .... la conclusión de que eres imbécil
3. Corrió .... su padre desesperadamente
4. Todos caminamos .... la felicidad
5. Es duro el camino que lleva .... la sabiduría
6. A la voz de ¡ya! todos galoparon .... el cuartel
7. Subieron .... lo alto de la cumbre
8. Iremos .... Lugo y luego veremos qué se hace
9. El avión volaba indistintamente .... arriba o .... abajo
10. Nos vamos volando .... Barcelona
11. Se marcharon .... Jamaica con intención de no volver
12. Se llevó una mano .... el cuello y jugueteó con la medalla
13. Salieron .... la calle el día de la huelga
14. Realizaron a oscuras la bajada .... el interior de la gruta
15. La expedición .... el Polo Norte fue un éxito
16. Voy .... Alemania para trabajar
17. En el cruce torcimos .... la izquierda
18. Al llegar a la esquina coges .... la derecha
19. Iba .... Madrid, pero lo detuvo la policía
20. Sube .... la terraza si quieres ver los aviones
21. Gastaré .... cien duros, pero no más[1]
22. En las cuevas de Altamira admiten .... quince visitantes diarios; ni uno más
23. Comieron y bebieron .... hartarse

II. *Utilice una preposición que marque dirección; explique su sentido:*

1. Se adelantó .... la cabeza del pelotón
2. Entraron .... el fondo de la habitación
3. El viaje .... Vizcaya fue bastante interesante
4. Anduvieron sin parar .... toparse con la barrera
5. En la carretera que va .... Málaga el único pueblo importante que te encuentras es Antequera

---

1. Con HASTA se puede indicar el término en el tiempo, en el espacio o en la cantidad.

6. Cuando iba en mi coche....... Portugal cogí a unos chicos que se dirigían
   .... Ciudad Rodrigo

7. Emigraron......... Suiza y nunca más supimos de ellos

8. Definitivamente, este año nos vamos de vacaciones .... la playa

9. Subieron .... la cima del Everest

10. Te esperamos hasta las cinco, pero como no llegabas decidimos irnos solos
    .... el cine

11. Cuando hacía dedo, me cogió un señor que iba .... Sevilla

12. Algunos exiliados llegaron .... Méjico en busca de refugio

Estudie este uso de la preposición POR:

1. El avión volaba POR los aires
2. Iba dando tumbos POR el mundo
3. La luz entraba POR los cristales de la ventana
4. Todos los días pasa POR mi casa a tomar una copa

COMENTARIO

La preposición POR no marca dirección ni límite, sino el **paso** a través de un lugar determinado, el pasar a través de un sitio.

Cuando va con los verbos *ir, venir, volver, pasar* además de su valor general puede expresar también un movimiento que va hasta su término, dando a entender a la vez la idea de paso por ese lugar.

III. *Rellene los puntos suspensivos con una preposición:*

1. Siempre andas.......... los cerros de Úbeda

2. Los pájaros surcan el aire .... el cielo

3. ....el follaje se veía a las parejas besándose

4. Contemplaba el paisaje .... los cristales

5. Cruzamos el río .... el puente

6. Hicimos el viaje .... La Coruña

7. Pásate............. mi casa un día de estos y charlaremos

8. Volvimos .... el sitio de siempre, o sea,...........Mérida

9. Hablaba con la novia .... las rejas de la ventana

10. .... la celosía se vislumbraba el esplendor de la casa

11. A ver si vuelves .... aquí algún día

12. Vete .... la librería y me recoges el pedido

13. Cuando están aburridos suelen venirse .... la Facultad a charlar

14. .... ahí no podrás pasar, so bobo

15. Esta vez se vinieron ...... la calle del Pez y se libraron del atentado

B. La procedencia.

Estudie atentamente estas frases:

1. Vengo DE Madrid
2. He vendido todo el género y he venido DESDE Madrid sin parar
3. DESDE aquí a Madrid se tardan dos horas y media
4. DE aquí a Madrid se tardan dos horas y media
5. DESDE este cuarto verá usted el mar con sólo abrir la ventana
6. Estuve trabajando DESDE las ocho
7. Estuve trabajando DESDE las ocho a/hasta las diez
8. Estuve trabajando DE (las) ocho a/hasta las diez
9. Todos los componentes del clero defienden la doctrina cristiana, DESDE los monaguillos hasta el Papa.

COMENTARIO

Las preposiciones que marcan las nociones de procedencia, punto inicial o **punto de partida** en el tiempo o en el espacio son DE y DESDE. Con ambas se indica un alejamiento progresivo a partir de un punto de origen.

→ Cuando aparecen *con un nombre o un verbo que significan movimiento* son posibles DE y DESDE, pero con DESDE se presta más importancia y se subraya más fuertemente el punto de origen que con DE (Frases 1. y 2.).

→ Cuando *no hay movimiento:*
   a) Es preciso usar DESDE, si no hay una correlación que exprese el punto terminal (no la hay en las frases 5. y 6.).
   b) Se puede usar DE O DESDE, si existe una correlación con A...; HASTA...; EN ADELANTE; A ESTA PARTE; etc. (Frases 3., 4., 7., 8., y 9.)

IV. *Elija* DE O DESDE *y justifique su elección:*

1. Me gustaría que salieras .... aquí inmediatamente
2. No se hable más: veremos la procesión ....la casa de Enrique
3. Los barcos que llegaban .... Oriente traían especias
4. Se paseaban como centinelas......... una parte a otra
5. .... tu nacimiento no hemos podido vivir tranquilos
6. Te los estudiarás todos de memoria........ la lección quinta
7. Estas sardinas las importan ....:Noruega
8. Te estuvimos observando .... la terraza
9. Se fue..........la barraca muy enfadado
10. Disparaban :........... la torre
11. Lanzaban dardos .... los matorrales
12. Arrojaban el aceite hirviendo........ lo alto de las almenas
13. .... Málaga a Granada no creo que haya más de 100 Km.
14. Harás todos los ejercicios,............. el primero hasta el último
15. Fuimos corriendo ....mi casa a la Facultad y no conseguimos llegar a tiempo
16. No lo he visto .... el curso pasado
17. Llevo esperándolo .... las tres
18. Había pasado una hora y media .... la salida de Paco
19. Está cojo .... los siete años
20. Estuvo cojo .... los siete hasta los catorce años
21. Estuvo en la mili .... enero hasta abril del año siguiente
22. ....una época a otra cambian mucho las características de un país
23. .... aquí se ve muy bien la catedral
24. Todos leerán ....la página 345 en adelante
25. .... el general para abajo todos se quedaron pasmados

---

RECUERDE

En líneas generales, las correlaciones que se establecen entre A, HASTA, DE, DESDE vienen dadas por los siguientes criterios:
— Interesa destacar el punto de origen y el punto terminal: DESDE... HASTA.
— Interesa destacar el punto de origen, pero no el terminal: DESDE... A.
— Interesa destacar el punto terminal, pero no el de origen: DE... HASTA.
— No interesa destacar ni el punto terminal ni el de origen: DE...A.

V. *Elija* DE O DESDE *y* A O HASTA *y justifique su elección:*

1. En esa compañía llevan los paquetes .... la Península ....Canarias
2. ....La Alberca........ Salamanca hay setenta kilómetros escasos
3. ....una esquina..........la otra la mesa mide metro y medio
4. Yo siempre estudio como mínimo .... (las) siete ....(las) nueve
5. Estoy libre .... las diez
6. Estoy libre.......... las diez en adelante
7. .... un tiempo a esta parte te has vuelto insoportable
8. Los niños van a la escuela..........los cuatro años
9. La guerra civil se desarrolló .... 1936.............. 1939
10. Nos llevaron en coche .... Osuna .... Sevilla
11. ....allí........... aquí habrá unos 200 metros
12. Los vigilaron cuidadosamente ....un coche
13. .... aquel puesto se oteaba perfectamente bien el terreno
14. ....el alcalde .... el ordenanza en ese Ayuntamiento son todos unos sinvergüenzas
15. Nos tiraron agua sucia.......... una ventana
16. No he pegado ojo .... hace tres días
17. Han estado con nosotros .... hace seis meses
18. Se aprendieron la lección de memoria,........la primera página .... la última.

19. Los cursos de verano duran ....julio............ septiembre
20. No ha levantado cabeza .... la muerte de su padre

Observe estas frases:

1. Es DE la parte de Valencia
2. Le han hecho una estatua DE bronce

Y RECUERDE

La preposición DE puede expresar también *otros tipos de procedencia* (sentidos conectados con su valor de origen): origen o procedencia geográfica o familiar, extracción, materia, etc.

VI. *Utilice la preposición adecuada:*

1. Es un muchacho..........buena familia
2. Ese golfo es .... la clase social más alta
3. Nos hemos comprado una cama .... hierro
4. Oro extraído ....las minas del rey Salomón
5. Se estudió dos temas ....Geografía
6. Han construído un edificio .... yeso y ladrillos
7. Sus padres eran ....Sevilla, pero él había nacido en la provincia
8. Nunca supimos realmente si su reloj era .... oro o no

XXXIII
PREPOSICIONES QUE EXPRESAN LOCALIZACIÓN 1

Veamos estas frases:

1. Te espero A las cinco
2. Te espero AL volante de tu coche
3. Nació EN 1827
4. Ese pueblo está EN la provincia de Cádiz
5. Nos encontramos en mi casa HACIA las cinco
6. Los regalos están SOBRE el capó del coche
7. La guerra civil se desarrolló ENTRE 1936 y 1939
8. He colgado tu vestido ENTRE mis pantalones
9. Nos encontraremos en mi casa HACIA las cinco
10. Ese pueblo cae HACIA la provincia de Cádiz
11. POR abril empiezan a florecer estos árboles
12. Ese pueblo cae POR la provincia de Cádiz
13. Disfruta nadando BAJO el agua
14. Disfruta tomando el fresco BAJO los tilos
15. Los soldados hacen la instrucción ANTE el cuartel
16. Te esperará HASTA las seis

Y RECUERDE

→ Las preposiciones A, EN, SOBRE, ENTRE, HACIA y POR expresan **localización en el tiempo o en el espacio.**

→ Las preposiciones BAJO y ANTE expresan **localización en el espacio;** son poco usadas y generalmente se prefiere DEBAJO DE, para la primera, y DELANTE DE O FRENTE A, en lugar de la segunda.

→ La preposición HASTA puede expresar **localización en el tiempo.**

Estudie las preposiciones:

1. Siempre deja su pluma de oro A la derecha del estante
2. Siempre deja su pluma de oro A un metro exacto del estante
3. Siempre deja su pluma de oro EN el cajón de su mesa
4. Siempre deja su pluma de oro EN el tercer estante
5. Siempre deja su pluma de oro SOBRE el tercer estante
6. Siempre deja su pluma de oro POR el tercer estante
7. Siempre deja su pluma de oro HACIA el tercer estante
8. Siempre deja su pluma de oro ENTRE el primer y el tercer estantes
9. Siempre deja su pluma de oro ENTRE los libros del primer estante

---

COMENTARIO

La **localización espacial** expresada por medio de preposiciones admite en español estos matices:

→ Localización en el **interior de un lugar:** EN (= DENTRO DE).

→ Localización en la **superficie de un lugar:**

    a) La preposición A cuando va con verbos que no indican movimiento puede marcar:
       — la **cercanía** o **proximidad***. En estos casos no es posible EN sin que haya una fuerte alteración en el significado.
       — la **distancia.**

    b) EN / SOBRE (= ENCIMA DE): Se expresa una localización que en la mente del hablante es **precisa, segura y exacta.**
       EN es posible en todos los casos y es más frecuente.
       SOBRE sólo es posible si hay contacto (físico).

    c) POR: Se expresa una localización que en la mente del hablante es **imprecisa, vaga, aproximada** y más **insegura*** *.

    d) HACIA (con verbos que no significan movimiento): La **inseguridad e imprecisión** es **aún mayor;** se acentúa el sentido de aproximación y los **límites** del lugar quedan más **diluidos** que con POR.

→ Localización entre **dos puntos espaciales** precisos: ENTRE.

→ Localización de modo impreciso **en medio de personas o cosas,** generalmente de la misma naturaleza: ENTRE.

---

* Excepciones: *montar A caballo*
             estar A las órdenes de...
             estar A cuatro grados
* * En *Los precios están POR las nubes* no se expresa exactamente localización en la superficie de un lugar.

I. *Invente frases en las que se expresen localizaciones espaciales precisas y aproximadas.*

II. *Utilice alguna de las preposiciones estudiadas y precise su sentido:*

1. Los comensales ya están sentados .... la mesa
2. Su moto está .... la izquierda de la mía
3. Madrid está .... 212 Km. de Salamanca
4. El palació está .... la derecha de Correos
5. El abuelo está .... la sombra del castaño
6. Los libros siguen .... la estantería
7. Los buenos cerdos ibéricos son los que se crían .... el campo
8. Llegó muy cansado y se tumbó .... el sofá
9. Se tendieron juntos .... la hierba
10. Te esperaré .... la habitación de ....el lado
11. Este niño disfruta metiendo las manos ....el agua
12. ¡Oiga!, hay una mosca .... mi sopa
13. A Pedro lo acabo de ver .... la plaza
14. No sé donde estarán tus guantes; yo los coloqué .... la mesa
15. Corría veloz .... un caballo
16. Dejó los libros .... el estante y se marchó corriendo
17. Se ha abierto un agujero enorme .... los dos pisos
18. Corres el peligro de pasarte la vida ....libros
19. No sé dónde vivirá ahora; tal vez viv̄ .... Cuba
20. Lo que me cuentas es normal ....esa clase de gente
21. Quedó atrapado ....dos camiones
22. Ese pueblo cae .... la provincia de Huelva
23. La cosecha ha sido mala .... la parte de Extremadura
24. Estuvo haciendo encuestas .... la zona de las Hurdes
25. Ha llovido mucho .... el norte
26. .... los campos castellanos se cultiva mucho trigo
27. Caminando .... el campo vimos un OVNI

III. *Utilice alguna de las preposiciones estudiadas y precise su sentido:*

1. Lo colocó ...... la espada y la pared y le sacó todo lo que quiso
2. Disfruta como un loco montando .... caballo

3. Viajar...................burro o...........camello es un placer para él

4. La ropa mojada está puesta...........la lumbre

5. El barco se halla situado .... la entrada del puerto

6. Penetraron ....la cueva

7. Está prohibido aparcar el coche ....esta calle

8. Está prohibido dejar la moto ....la acera

9. Un barco se ha hundido ....lo hondo del mar

10. Se pasa los días ....la máquina, dale que te pego

11. Siempre está ......la puerta de su casa esperando que pase el cadáver de su enemigo

12. Me gusta sentarme ....una buena mesa

13. ¿.........qué distancia está la Luna del Sol?

14. Hay una tienda de juguetes ....200 m. escasos de aquí

15. Lo tuve........el alcance de la mano y renuncié

16. Es una buena idea que no estés tanto tiempo.........el volante

17. Está como una tapia: te pones ....medio metro de él y no te oye

18. Es estupendo veranear...........un paraje hermoso

19. ¡Oye!, ¡qué estás.........las nubes!

20. El pantalón lo he dejado........tu habitación

21. Esas cosas son absurdas ....hombres

22. Avila está...........Salamanca y Madrid

23. Los billetes están colocados ....las hojas del libro

24. ....los griegos era normal tener una hetaira

25. Mi casa está........el final de la calle

26. Se pasa la vida ....el campo

27. Su única pasión es pasear ....el parque

Observe otros usos de la preposición SOBRE:

    1. El avión voló SOBRE las líneas enemigas

    2. Desdeñaba a los demás: creía destacar SOBRE ellos por su inteligencia

COMENTARIO

SOBRE puede indicar también mayor **elevación** de una cosa con respecto a otra, o **superioridad** (jerárquica, etc.) de una persona con respecto a otra. En estos casos no hay contacto físico, y SOBRE alterna con POR ENCIMA DE.

IV. *Complete con preposiciones:*

1. Se pararon a descansar . . . . la mitad del trayecto
2. Viaja siempre . . . . tren o . . . . bicicleta porque es enemigo de la contaminación
3. Nos perdimos . . . . la multitud
4. . . . . veinticinco metros de aquí, ... la izquierda, está la tienda
5. El coronel está . . . . el capitán
6. Mi apartamento está . . . . el tuyo
7. En los oficios del campo, el capataz está . . . . todos los labradores
8. Era imbécil el pobre: se creía que estaba . . . . todos los mortales
9. Destacaba . . . . sus compañeros por lo listo que era
10. Es conveniente amar a los padres . . . . todas las demás cosas
11. Los niños están . . . . ahí haciendo de las suyas
12. Con su avioneta planeaba . . . . la terraza de la novia
13. Los lobos estuvieron dando vueltas . . . . los alrededores del pueblo durante toda la noche.

V. *Localice tres acciones u objetos en la cercanía; tres por la distancia; tres en el interior de un lugar; seis en la superficie de un lugar (tres de modo preciso y tres de manera imprecisa); tres entre dos puntos espaciales concretos; y otros tres entre personas o cosas.*
Explique el sentido exacto de cada preposición empleada.

Ahora observemos estas frases:

1. Lo mataron A las seis de la tarde
2. Lo mataron A medianoche
3. Lo mataron A los veintiséis años
4. Estamos A cinco de julio de 1895
5. Lo que te cuento sucedió (EN) el 6 de noviembre de 1987
6. Lo que te cuento sucedió (EN) el año 1957
7. Lo que te cuento sucedió (EN) la semana de vacaciones
8. Lo que te cuento sucedió EN 1953
9. Lo mataron EN la guerra
10. Lo que te cuento sucedió POR 1953
11. Lo que te cuento sucedió HACIA las seis de la tarde / 1953
12. Lo que te cuento sucedió SOBRE las seis de la tarde / 1953
13. Lo que te cuento sucedió ENTRE 1953 y 1958
14. Cobraba A mediados de mes

COMENTARIO

La **localización temporal** admite estos matices:

→ Localización **precisa** y **exacta:**

   a) Se emplea la preposición A:
       — para situar en un espacio de tiempo inferior a un día (horas;
         amanecer, medianoche,...). Frases 1. y 2.
       — para referirse a la edad. Frase 3.
       — para expresar la fecha: *(estamos) a cuatro de enero.* Frase 4.

   b) Se usa la preposición EN para referirse a un *espacio de tiempo
       igual o superior a un día* (día, semana, mes, estación, año,
       siglo,...) en cuyo interior tiene lugar una acción o un aconteci-
       miento que el hablante —mentalmente— tiene localizado de
       modo seguro, exacto y preciso.
       — si el espacio de tiempo es un día, la preposición no suele
         usarse*. Frase 5.
       — si el espacio de tiempo está representado por las palabras
         *día, semana, mes, primavera, verano, otoño, invierno, año,
         siglo,* y estas palabras llevan alguna determinación *(que
         viene; de agosto; del año pasado; 1953; este; próximo,* etc.),
         entonces la preposición tampoco suele usarse. Frases 6.,
         7. y 8.

   c) Se usa la preposición ENTRE para localizar entre dos puntos
       temporales precisos. Frase 13.

→ Localización **imprecisa, no exacta** o **aproximada:**

   a) POR localiza de modo impreciso, vago, aproximado y más inse-
       guro que EN.
       No suele usarse si se trata de un espacio de tiempo inferior
       a un día, o de la edad.

   b) HACIA y (menos frecuentemente) SOBRE indican que la inseguri-
       dad e imprecisión por parte del hablante es aún mayor.
       No se suelen emplear si el nombre que sigue no expresa tiem-
       po de por sí (año, mes, día, semana,...).
       Con POR, HACIA y SOBRE los límites del espacio de tiempo que-
       dan diluidos *("más o menos", "aproximadamente").*

   c) Se usa A en *a principios, a mediados, a finales, al principio, al
       final, a primeros.*

---

* Pero sólo puede decirse *sucedió EN jueves; EN martes ni te cases ni te embarques.*

VI. *Construya frases en las que aparezcan localizaciones temporales, precisas e imprecisas, en diversos espacios de tiempo.*

VII. *Utilice alguna de as preposiciones estudiadas (si es necesario) y precise su sentido:*

1. ¡Tan tonto .... los 20 años!
2. Salamanca, ... 12 de octubre de 1492[1]
3. Te espero .... las ocho de la tarde
4. Venus sale .... el amanecer
5. Cervantes publicó *El Quijote* 1605
6. Cervantes publicó *El Quijote* .... 1605, no lo sé con exactitud
7. Suelen darle las vacaciones........... julio
8. Mi madre me trajo al mundo........ el cuatro de mayo
9. ....el 13 de mayo la Virgen María bajó de los cielos
10. ¡Hacerme esto precisamente .... el día de mi cumpleaños!
11. La guerra tuvo lugar .... 1678 y 1723
12. Llegaremos ....las diez y las diez y media
13. Lo hará .... hoy y mañana, o sea, esta noche
14. Nos iremos .... medianoche
15. Ocurrió 1798
16. Compraron las entradas .... las tres de la tarde
17. Que .... mayo era, ...mayo, cuando hace tanto calor
18. El fenómeno sucedió ....los años treinta
19. Mi hermana se casará ....enero
20. Mañana ....las ocho estarás aquí sin falta[2]
21. .... primeros de año nadie tiene dinero

---

1. Si esto es la fecha que encabeza un escrito, entonces no aparece la preposición A.

2. La aproximación horaria puede expresarse con *hacia*, con *sobre* o con *a eso de:*
   Te veré A *las ocho* (preciso)
   Te veré HACIA / SOBRE / A ESO DE *las ocho* (aproximado)
   También con *alrededor de*.

XXXIV
PREPOSICIONES QUE EXPRESAN LOCALIZACIÓN 2

I. *Emplee (si es preciso) alguna de las preposiciones estudiadas en la unidad anterior y explique su sentido:*

1. La economía de este país se ha desarrollado .... las dos guerras
2. Conseguí ver a Ramoncín .... la salida del espectáculo
3. .... medianoche los gatos se duermen
4. Despertó .... mediodía, bebió agua y volvió a dormirse
5. Siempre hace las compras .... finales de mes
6. Era un chico joven; terminó la carrera .... los veinte años
7. Era un chico estupendo que ..... los veinte años se marchó de casa
8. Los exámenes son .... junio
9. El examen de matemáticas es .... el día 8
10. Le escribiré .... la semana que viene
11. Se reunieron .... agosto
12. .... el verano pasado llovió dos veces
13. .... la antigüedad había muchos esclavos
14. Hoy reconocemos con dificultad los errores cometidos ..... épocas pasadas
15. .... otoño las temperaturas han sido más bajas que .... invierno
16. .... este otoño las temperaturas han sido más bajas que .... el invierno pasado
17. Unamuno murió ...... 1936, ... diciembre
18. Unamuno moriría .... 1936 más o menos, ... noviembre o diciembre
19. No sé con precisión cuándo, pero si sé que invadieron Checoslovaquia ... . aquella primavera
20. La revolución empezó .... 1966 y tuvo sus orígenes .... el agosto inglés
21. Pásate por casa .... un día de estos y charlaremos

II. *Localice seis acciones en un espacio inferior a un día (tres de forma precisa y tres de forma aproximada); tres por referencia a la edad; y ocho en un espacio igual o superior a un día (cuatro de forma precisa y cuatro de manera aproximada).*

III. *Construya frases en las que las preposiciones estudiadas se opongan y explique esa oposición.*

Estudiemos ahoras estas locuciones:

1. El robo tuvo lugar DE noche
2. El robo tuvo lugar POR la noche
3. El robo tuvo lugar (EN) la noche del 5 de agosto
4. El robo tuvo lugar a las diez DE la noche

COMENTARIO

Las palabras *día, noche, tarde, mañana* se comportan de la manera siguiente en lo que a la localización se refiere:

→ Con luz / Sin luz = *De día / De noche.* Frase 1.

→ División del día en tres zonas: *la mañana, la tarde, la noche:* POR. Frase 2.

→ $\left\{\begin{array}{l} Una \\ La \end{array}\right\}$ $\left\{\begin{array}{l} mañana \\ tarde \\ noche \end{array}\right\}$ $\left\{\begin{array}{l} de... \\ que... \end{array}\right\}$: EN O, más frecuentemente, sin preposición. Frase 3.

→ Hora específica + DE + la mañana, la tarde, la noche (la madrugada). Frase 4.

IV. *Emplee una preposición si es preciso:*

1. Te veré.......... la noche
2. ....día se ve más que .... noche
3. .... la tarde va a la biblioteca a estudiar
4. Le gusta salir......... las mañanas, pero no..........las tardes
5. Me acosté ayer a las seis .... la tarde y me he levantado a las nueve .. .. la mañana
6. A su padre no le gusta que salga .... noche

7. Nos volvimos a ver ...... una tarde de febrero y estuvimos juntos hasta las tres .... la madrugada

8. Mi hermano trabaja .... la noche y duerme .... la mañana

9. ... la mañana de un lluvioso día de marzo lo encontraron drogado y muerto

Observe las frases que le damos y sus equivalencias:

1. Rompió el juguete A las dos horas de habérselo entregado:
   — Dos horas *después de* habérselo entregado, rompió el juguete

2. El paquete llegará A los siete días (de haberlo enviado):
   — Siete días *después* (de haberlo enviado), llegará el paquete

3. No saldremos de la crisis económica por lo menos EN dos años:
   — *Tardaremos* dos años *en* salir de la crisis económica

4. Estará aquí EN dos días:
   — Estará aquí *dentro de* dos días
   — *Pasarán* dos días *antes de que* esté aquí

5. Necesito la pasta PARA el mes que viene:
   — *A partir del* mes que viene *empezará a cumplirse el hecho de* necesitar...

6. Le arreglaremos a usted el coche PARA mañana:
   — *A partir de* mañana *ya estará efectuada por completo la acción de* arreglar...

7. Lo esperamos HASTA navidades:
   — Lo esperamos *desde este momento hasta el momento señalado por* las navidades
   — *En* navidades *dejaremos de* esperarlo; *ya no* lo esperaremos *más*

8. No vendrá HASTA navidades
   — Vendrá, *pero no antes de navidades*
   — No vendrá *antes de* navidades

COMENTARIO

La expresión de un **plazo temporal** se indica por medio de una de las siguientes preposiciones cuando van seguidas de un nombre que signifique tiempo (año, momento, mes, día, fecha, hora,...):

→ Con A: Se marca el *tiempo contado o pasado a partir de un determinado momento o acontecimiento;* expresa, pues, posterioridad, y equivale a *"después de".*
El nombre de tiempo lleva siempre artículo (frases 1. y 2.).

→ Con EN: Se marca o bien el *espacio de tiempo que se tarda en realizar una acción ("tardar x tiempo en"),* o bien el *espacio de tiempo que transcurre antes de que se pueda realizar una acción ("pasar x tiempo antes de"; "dentro de")* (frases 3. y 4.).
El nombre de tiempo siempre está cuantificado *(un, dos, cinco, poco,...).*

> → Con PARA: Se establece un *límite temporal futuro* (nunca pasado) a partir del cual las acciones o empezarán a cumplirse, o estarán totalmente realizadas (frase 5. y 6.).
>
> → Con HASTA: Se expresa el término o *punto final de una acción* (frases 7. y 8.).

V. *Sustituya las locuciones que le ofrecemos por otras de igual significado en las que aparezca una de las preposiciones estudiadas:*

1. Nos vimos cuatro meses después de su fatal accidente
2. Poco tiempo después de salir se nos cayó una maceta encima
3. Lo expulsaron de clase después de diez minutos
4. Tardó dos meses en resolver el problema
5. Tardó un momento en hacer los deberes y se marchó corriendo
6. Llegará dentro de 15 días
7. Pasarán 15 días antes de que llegue
8. A partir de la semana que viene se cumplirá la acción de que limpien tu pantalón
9. A partir de enero se cumplirá la acción de que mi hermana esté casada
10. Pasaron dos minutos antes de que me reconociera
11. A partir de la primavera empezará a cumplirse la acción de que los árboles florezcan
12. A partir de la Semana Santa se cumplirá la acción de que nosotros volvamos a vernos

VI. *Utilice una de las preposiciones explicadas y especifique lo más detalladamente posible su sentido:*

1. Buscará inquilinos ....el año que viene
2. Préstame mil pesetas, que las necesito .... el mes que viene
3. Dentro de poco te pediré mil pesetas, porque las necesitaré ....el mes que viene
4. Aplazaron el partido .... el día siguiente
5. .... el día siguiente de aquello, aplazaron el partido
6. Aplazaremos el partido .... mañana
7. No aplazaremos el partido .... mañana, sino que seguiremos jugando
8. No aplazaremos el partido ......mañana, sino ....otro día
9. .... el año volvieron a verse

10. Se volvió a emborrachar . . . . las seis o siete horas del entierro
11. Todo estará preparado . . . . la semana próxima
12. ¿ . . . . cuándo te hace falta?
13. No tendremos la televisión arreglada . . . . los mundiales de fútbol
14. Hizo la maqueta . . . . un momento
15. . . . . poco tiempo ha destrozado tres plumas
16. Realizó todo el trabajo . . . . un solo día
17. . . . . dos meses no lo he visto ni una sola vez
18. Lo tendrán todo preparado . . . . el miércoles
19. . . . . el poco tiempo volvió a aparecer con la cara pintada de negro
20. Estará con nosotros . . . . el día siguiente del congreso
21. Hemos hecho un viaje muy cómodo y sólo . . . . dos horas
22. Se presentó . . . . las dos horas de marcharte tú
23. Publicaremos de nuevo esta gramática . . . . menos de dos años
24. Le arreglarán el coche . . . . el martes próximo
25. Me quedaré con vosotros . . . . las siete
26. Combatieron . . . . morir

VII. *Utilice* EN, POR, PARA *o nada; explique por qué y precísenos el sentido de la frase:*

1. Mi hermana se casó . . . . el cinco de enero
2. Mi hermana se casará . . . . el cinco de enero
3. Mi hermana se casó . . . . enero
4. Mi hermana se casará . . . . enero
5. Mi hermana se casó . . . . . . la mañana del cinco de enero
6. Mi hermana se casó . . . . la mañana, no . . . . la tarde
7. Rogelio se va a la mili . . . . noviembre
8. Llegará a El Sahara . . . . (el mes de) agosto
9. Los cursos habrán acabado . . . . (el día de) Santiago
10. Se casarán . . . . Santa Eulalia
11. He venido sólo . . . . una semana
12. La conocí . . . . septiembre del año pasado

REPASE

En su acepción temporal:

→ EN localiza de modo seguro y preciso, en el pasado o en el futuro.

→ POR localiza de modo impreciso y 'aproximado, en el pasado o en el futuro.

→ PARA no localiza, sino que expresa plazo futuro en el que ocurrirá algo.

Estudie con detenimiento estas frases:

1   Vivió con nosotros DURANTE la guerra
2. Vivió con nosotros DURANTE una semana
3. Vivió con nosotros una semana
4. Ha venido a Salamanca POR tres meses
5. Ha estado viniendo a Salamanca (DURANTE) tres meses
6. Abandonó su trabajo POR un año
7. Abandonó su trabajo (DURANTE) un año.

COMENTARIO

Para expresar la **duración** o **lapso de tiempo** a lo largo del cual sucede algo, se emplea una de estas preposiciones:

→ DURANTE: Cuando la acción se está desarrollando *sin interrupción* durante todo el espacio de tiempo. Si la palabra que sigue a DURANTE es un nombre de tiempo, la preposición puede (y suele) omitirse.

→ POR: Cuando no es la acción lo que interesa, sino *los resultados de esa acción, que perviven* o tienen lugar durante todo el espacio de tiempo. Estas circunstancias son menos frecuentes.

VIII. *Utilice* DURANTE, POR *o* nada:

1. Estuvo comiendo .... dos horas seguidas
2. Se matricularon en Salamanca ....un curso completo
3. Me ausento de mi puesto de trabajo ....tres meses
4. Harás los ejercicios .... el recreo
5. Ha viajado por Europa .... un trimestre completo
6. Viví..........dos años en Estados Unidos
7. Estuvimos .... más de seis horas en el aeropuerto
8. Se apuntó a un cursillo ....dos semanas y media
9. Estaré ausente de Cádiz .... otros diez años
10. Nos vamos a Uganda .... dos años y medio con una beca
11. Los extranjeros vienen a Salamanca solamente .... un mes y medio
12. Nos quedaremos........tres o cuatro días en la sierra
13. Habló .... dos horas sin parar
14. Estuvo hablando..........dos horas sin parar
15. Permanecieron.......... siete días atrapados bajo la nieve
16. Estuvo en Madrid ....una semana y media
17. Estuvo escribiendo una carta .... tres horas y cuarto
18. Escribió .... tres horas antes de acostarse
19. Su padre la dejó salir..........una noche
20. Ha estudiado .... toda la noche
21. .... el día de ayer tuve que conducir yo el camión
22. Se fue a Valencia.......... dos años
23. Estuvo viviendo en Valencia.......... dos años
24. Corre.......... dos horas y media al día
25. Nos visitó ....dos semanas
26. Nos prestó su coche..........tres días

IX. *Utilice en cada frase todas las preposiciones de tiempo que sean posibles (o ninguna), y explique el sentido que adquiere la frase en cada caso:*

1. Saldremos de clase ....diez minutos
2. Te arreglaré el coche ....un momento
3. Te espero ....las tres..........la tarde en mi casa
4. Pedro cerró la tienda ....el verano
5. Jacinto llegará...........el día 12
6. Al presidente no lo mataron ....la ceremonia
7. ....1968 se encontraron dos o tres veces[1]
8. Todo sucedió..........la mañana del seis de agosto
9. Hemos venido a España solamente..........tres horas
10. ....el cuarenta de mayo, no te quites el sayo

---

1. Téngase en cuenta que DURANTE unas veces expresa duración y contrasta con POR y otras expresa localización y alterna con EN:

El terremoto tuvo lugar EN / DURANTE 1963
Lo he visto dos veces EN / DURANTE mi vida
Me prestó la maquinilla de afeitar POR / DURANTE cinco días
Le alquilaron el piso POR / DURANTE un año

XXXV
PREPOSICIONES QUE INDICAN EVALUACIÓN, EQUIVALENCIA Y DISTRIBUCIÓN

Observe las siguientes frases:

1. Después de tanto trabajar, solamente cobré 1.000 ptas.
2. Le pagaron las doscientas mil pesetas al notario
3. La pala de oro cuesta 5.000 duros
4. Dieron dos perras chicas a los pobres
5. Repartió sus posesiones entre sus herederos
6. Un caballo de carreras vale 300.000 ptas.

Y RECUERDE

El precio o la cantidad pueden ser introducidos directamente, **sin preposición,** como un complemento directo.

Observe las siguientes frases:

1. Me tasaron el anillo EN cinco mil duros
2. Le valoraron el coche EN 250.000 ptas.
3. Vendió la casa EN dos millones y medio
4. Vendió la casa POR dos millones y medio
5. Le aumentaron la pensión EN 2.500 ptas.
6. Se compró una hélice de avión POR 3.000 reales
7. Ofreció la gorra POR el sombrero
8. Cambió el caballo POR una yegua blanca

Y RECUERDE

→ La **valoración** o **precio** puede expresarse con EN. Se da normalmente con verbos transitivos que significan cálculo, evaluación, presupuesto, etc. *(tasar, valorar, aumentar, sobrepasar, pasar, evaluar, calcular, presupuestar, estimar, vender, comprar, etc.)*.

→ El **cambio** o la **equivalencia** se expresa con POR (equivalente a "a cambio de'). Aparece en las locuciones de venta, trueque, sustitución, compensación, etc., para indicar equivalencia entre dos elementos.

I. *Emplee preposiciones donde sea necesario:*

1. El piso me ha costado . . . . dos millones
2. Nos pagaron . . . . . . 1.000 pesetas al venderles la mesa de la abuela
3. Recibí . . . . 200 pesetas de la Seguridad Social
4. Obtuvimos . . . . 236.500 ptas. como crédito del banco
5. Le di mil pesetas . . . . la vasija
6. Cobraron quinientos reales . . . . su trabajo
7. Me vendieron un coche de segunda mano . . . . veinte mil duros
8. Pagó . . . . muchísimos dólares a los secuestradores
9. No es fácil sustituir a unas personas . . . . otras
10. Intercambiaron mensaje . . . . mensaje
11. Calculamos la deuda . . . . dos millones por lo menos
12. Compró . . . . 300 acciones de 1.000 pesetas
13. La falda le ha salido muy bien de precio: se le ha quedado . . . . ciento veinte duros
14. El abogado ha evaluado la herencia 20.000.000
15. Emilio se pasó de lo previsto . . . . 200 páginas
16. La viuda percibió . . . . tres millones como seguro de vida
17. El año pasado la policía abandonó los uniformes antiguos . . . . . . los nuevos
18. Gastó . . . . trescientas mil pesetas en acciones
19. Los ministros sobrepasaron el presupuesto . . . . una cantidad asombrosa
20. Me han dejado el pelo divinamente . . . . 240 pesetas
21. No se hable más: se lo dejo . . . . veinte duros
22. Vendió a su hermano . . . . un plato de lentejas
23. Vendía su camisa . . . . 10 dólares o su equivalente en moneda española

Hay casos en los que POR + *cantidad* puede alternar con EN. Se usa EN cuando interesa sobre todo la *idea de valoración* o precio, y POR cuando interesa más el *intercambio de un elemento por otro* (esto parece más frecuente). Por ejemplo en la frase 23.

II. *Utilice preposiciones:*

1. Nos engañaron y nos cobraron 500 ptas ....una sola consumición
2. Estaba loco: me vendió cinco duros.......... veinte pesetas
3. Estaban muertos de sed y cambiaban oro ....agua[1]
4. Fuimos al banco para cambiar pesetas ....libras
5. El sastre nos dejó los pantalones ....1.856 ptas.
6. Le dieron un espléndido piso ....su caserón medio derruido
7. Te cambio el bolígrafo .... el mechero
8. La avería me la han.presupuestado ....6.000 pesetas
9. El coche me lo han presupuestado.........189.000 pesetas
10. Si me lo da ....veinte duros se lo compro

Observe con atención las preposiciones empleadas:
1. Repartieron una ración de comida POR persona
2. Mis padres gastan cada año 100.000 pesetas POR hijo
3. Los potentados entregaron en la parroquia 800 ptas. POR pobre
4. Los pintores te cobran un riñón POR habitación
5. Nos han cobrado A 20 duros la barra
6. Han vendido todos mis libros A 200 ptas.
7. Nos ha salido casi A 80 céntimos el folio

---

1. *Cambiar... por...* significa 'intercambiar', 'sustituir'. No debe ser confundido con *cambiar... en...*, que es sinónimo de 'transformar', 'convertir' (el elemento que sigue a EN no admite artículo definido):
cambiar al agua en vino
el mago cambió el bolígrafo en mechero
Compárense estas dos oraciones:
Con los arreglos consiguió cambiar su casa EN una casa nueva
Con los ahorros consiguió cambiar su casa POR una casa nueva

Y RECUERDE

En todos los ejemplos anteriores aparece una **cantidad que se distribuye entre determinadas unidades o miembros.** La **distribución** aparece expresada de dos formas:

→ con POR precediendo a la unidad sobre la que recae la distribución (siempre en singular) cuando el complemento directo del verbo es la expresión de la cantidad (frases 1.-4.). Equivale a (POR) CADA + *sustantivo o "uno".*

→ con A precediendo a la cantidad distribuida cuando el complemento directo del verbo es la unidad sobre la que recae la distribución (frases 5.-6.) o cuando el verbo es intransitivo (7.). Equivale a A RAZÓN DE.

Obsérvese: *Nos han cobrado 20 ptas. por barra*

Nos han cobrado a 20 ptas. la(-s) barra(-s)

III. *Utilice la preposición adecuada en cada caso:*

1. De comisión les daremos a ustedes un cinco . . . . ciento
2. En el ayuntamiento recogieron una instancia . . . . persona
3. Distribuyeron 1.700 ptas. . . . . pareja
4. Nos cobró la docena de huevos . . . . 130 ptas.
5. Las manzanas cuestan . . . . dos pesetas
6. Repartí cien gramos de pan . . . . soldado
7. Los egipcios han pagado los aviones . . . . 1.500.000 marcos (cada uno)
8. Invirtieron 20.000.000 ptas. . . . . el pantano
9. Ganan 900 ptas. . . . . hora y gastan noventa duros . . . . (el) día
10. Vendí las mesas en el rastro . . . . 3.456 ptas. (cada una)
11. Los albañiles cobran la hora . . . . 1.500 ptas.
12. Nos pertenece una cama . . . . hermano
13. Compré dos relojes de plástico . . . . 16,50 (cada uno)
14. Pronto tendréis dos policías . . . . habitante
15. Este coche corre 160 kilómetros . . . . hora
16. Distribuyeron 20 litros de leche . . . . familia
17. Tenían una carga de 20.000 kilos y cinco camiones; por tanto, transportaron 4.000 kilos . . . . camión
18. El pastel sale . . . . 234 ptas.

19. Un oficinista trabaja ocho horas . . . . (el) día
20. Los profesores cobran muy poco dinero . . . . (el) año, y mucho menos
. . . . (el) mes
21. En la vendimia pagan 400 ptas. . . . . (la) hora
22. En la vendimia pagan . . . . 400 ptas. la hora

COMENTARIO AL EJERCICIO III

Cuando una cantidad se distribuye en espacios de tiempo, es decir,
cuando POR va seguido de una expresión de tiempo *(hora, día, semana,
mes, año, jornada,...)* se expresa periodicidad y POR puede ser sustituido por A + *artículo* (con *mes, semana* y *año* se prefiere A + *artículo;*
con *hora* se prefiere POR; con *día* es indiferente). Por ejemplo en las
frases 9., 15., 19.-22.

IV. *Emplee la preposición correcta y explique su sentido:*

1. Los americanos pagaron 20.000.000 . . . . las bombas
2. Los americanos pagaron . . . . 20.000.000 los aviones
3. Me he comprado una boina estupenda . . . . 500 ptas.
4. Seguro que esos caramelos no salen ni . . . . dos reales de precio de costo
5. De impuestos recibieron 34.657 ptas. . . . . habitante
6. En la batalla perdimos 200 soldados . . . . regimiento
7. El teatro te vale 300 ptas. . . . . sesión, pero si sacas un abono pagas sólo
1.500 ptas. . . . . (el) mes
8. ¡Tendrá cara! . . . . tres duros quería cobrarme los bolígrafos

Estudie detenidamente estas frases:

1. Los pintores cobran a dos mil ptas. por / (la) hora
2. Los pintores cobran a dos mil pesetas por / (la) habitación
3. Las manzanas cuestan a 20 ptas. por / (el) kilo
4. Los huevos valen a 120 ptas. por / (la) docena
5. La tendera cobra los huevos a 120 ptas. por / (la) docena
6. Nos vendieron los melones a 34 ptas. por / (el) kilo
7. El notario repartió la herencia entre los herederos a 1.000.000 por / (el) heredero
8. Pagamos a mil pesetas por / (el) litro

9. Las lechugas costaban a cinco duros por / (la) unidad
10. Las lechugas costaban cinco duros (la) unidad
11. El aceite de oliva vale 198 ptas. (el) litro

COMENTARIO

→ Cuando el complemento directo no es ni la expresión de la cantidad *(nos cobraron una peseta por caramelo)* ni la unidad sobre la que recae la distribución *(nos cobraron e. (los) caramelo(s) a peseta)*, o cuando el verbo no tiene complemento directo (porque no está explícito o porque el verbo es intransitivo), entonces puede usarse A (+cantidad) en correlación:

  a) con POR + *nombre en singular sin artículo* (unidad sobre la que recae la distribución):
  Nos cobraron los caramelos a 150 ptas. por kilo.
  Esta construcción es menos frecuente que la siguiente.

  b) Con *(Artículo)+nombre en singular* (unidad sobre la que recae la distribución):
  Nos cobraron los caramelos a 150 ptas. (el) kilo.
  Frecuente con *cobrar, pagar, valer, costar, comprar, vender.*

Ambas correlaciones equivalen a "A RAZÓN DE... (POR) CADA...".

→ *Costar* y *valer* pueden usarse con sentido distributivo sin necesidad de preposiciones.

V. *Utilice las preposiciones y giros estudiados cuando sea conveniente:*

1. Los melones cuestan .... 100 ptas. ....unidad
2. Repartieron las ganancias .... 1.000 ptas............. acción
3. Distribuyeron los beneficios ..... 240.567 ptas. .... socio
4. Entregaron limosnas ....50 duros ....pobre
5. Repartí el pan ....100 gramos ....soldado
6. Cargamos los camiones.........29 sacos .... camión
7. En esa tienda venden piezas de tela ..... 100 ptas. ....metro
8. Un fontanero cobra .... mil duros .... semana
9. Anoche salimos de juerga y perdimos ....5.000 ptas.
10. Me cobró los botones .... 600 ptas............. gruesa
11. Aquí cobramos la matrícula .... 11.500 ptas. .... estudiante

12. Pagó los trajes ....23.000 ptas............unidad
13. Vendió la vajilla de su madre .... 450 ptas. ....plato
14. El ejército británico perdió tres regimientos: .... 1.200 hombres
    .... regimiento
15. Invirtió un millón de pesetas: .... 100.000 ptas. .... año
16. Un obrero especializado saca ....2.321 ptas. ....día
17. Gastamos lo que ganamos: .... 96.470 ptas. .... mes
18. Los americanos pagaron los aviones ..... 20.000.000 .... avión
19. Le ofrecieron vestidos .... 12.300 ptas. .... vestido y compró
    trece
20. Vendió una estantería .... doce mil duros
21. Pagó cuarenta mil reales .... la estantería
22. Vendió las estanterías .... doce mil duros
23. Pagó las estanterías .... cuarenta mil reales
24. La carne está ....678 ptas. (el kilo)
25. ¿ .... cómo son los repollos?[2]
26. Daría mi vida .... esa mujer
27. Si tuviera dinero daría ahora mil pesetas .... persona
28. Los tomates cuestan ....37 ptas............kilo
29. Repartieron el capital en acciones .... dos mil ptas. ....acción
30. Los aviones supersónicos corren .... más de 3.000 kilómetros ....
    .... hora
31 Los pisos me han costado .... cuatro millones .... (el piso)
32. Las pipas valían .... 1.295 ptas. (cada una)
33. Con la nueva distribución del trabajo tocamos .... cinco horas de
    estudio diarias
34. La fiesta les salió barata: tocaron .... trescientas ptas........... pareja
35. Le pagaremos las camisas .... mil............ unidad
36. ¡Camarero! ¿Qué se debe?
    Deben ....veinte duros............. consumición
37. El ayuntamiento cobra las multas ....2.500 ptas.
38. Me arreglaron las paredes de la habitación y me costó .... 15.000 ptas
    ....pared

2. *Ser a* y *estar a* indican también la cantidad o el precio distribuido por unidades:
   Los ceniceros son a 245 ptas. (cada uno; la unidad)
   Las patatas están a 23 ptas. el kilo.
Su significado es equivalente a *costar*.

39. Estaba tan loco que vendía los duros .... cuatro pesetas
40. Los cuadernos sueltos te salen .... 30 ptas., pero si los compras al por mayor te salen .... 360 ptas. .... docena[3].
41. Ese médico gana .... mil duros .... visita

VI. *Observe las siguientes frases y proponga una preposición para sustituir las palabras subrayadas de acuerdo con el Comentario de abajo:*

1. Mañana trabajaré *en lugar de* mi hermano, porque él está de vacaciones
2. Los abogados hablarán *en representación de* Gilberto
3. Será necesario votar *a favor de* Isaías
4. Lo hicieron *en tu defensa* y no se lo agradeces
5. Fulanito ha salido diputado *en representación de* Cáceres
6. Ellos dos firmaron los papeles *en lugar de* Moisés
7. Lo hice *en favor de* mis padres, no *en favor de* tu persona

---

COMENTARIO

La preposición POR tiene sentidos derivados del de **equivalencia** o **sustitución,** y en concreto vale por cualquiera de las expresiones subrayadas en los ejemplos de arriba.

---

3. *Salir por + cantidad* equivale a 'cobrar más o menos, venir a cobrar' (con sujeto personal) o 'costar más o menos, venir a costar' (con sujeto no personal; a menos que las personas sean vendidas):
El uniforme te sale por 23.000 o 24.000 ptas.
Un catedrático sale ahora por 120.000 ptas. al mes.

XXXVI
PREPOSICIONES

RECAPITULACIÓN

I. *Rellene los puntos suspensivos con la preposición o las preposiciones adecuadas y explique el sentido de cada una de las elegidas:*

1. Segovia está situada . . . . 88 kilómetros . . . . Madrid

2. La ciudad se levanta . . . . una peña, ... dos profundos valles formados . . . . los ríos Eresma y Clamores

3. . . . . el dominio visigótico se inicia su decadencia, la cual se acentúa . . . . los árabes[1]

4. Vimos . . . . un hombre, ... andar desgarbado y cabeza gorda que iba . . . . tu casa

5. Están . . . . las órdenes directas de Madrid

6. Ayer estuvimos . . . . la luz de la luna

7. Murió . . . . los seis meses . . . . nacer

8. Las vidrieras fueron trazadas . . . . un conocido artista

9. Se lanzó . . . . el enemigo con ímpetu

10. Plasencia está . . . . las márgenes del río Jerte

11. Salamanca está . . . . el reino de León

12. Tendrá . . . . cincuenta años, aunque no lo parezca[2]

13. Sentía mucho afecto por su hermano . . . . unos motivos extraños

14. Nunca conseguimos fumar . . . . su tabaco[3]

15. Bebieron . . . . el vino que habían desperdiciado otros

1. La preposición BAJO indica situación inferior. Cuando va con nombres de gobernantes, sistemas políticos o cargos expresa la época en que éstos funcionaron o gobernaron. También la preposición CON puede tomar este valor: *No sabemos si* BAJO / CON *la república la gente estaba contenta.*

2. La preposición SOBRE puede significar aproximación, cercanía. Recuérdelo.

3. La preposición DE puede expresar *partición* cuando le sigue algo que indica fracción de un todo que se expresa.

16. Las cosas funcionaban mejor .... el reinado de Felipe II
17. Este médico cobra .... mil pesetas .... visita
18. Se refugiaron .... una encina
19. Me lo encontré .... los diez días del entierro
20. Estas reliquias son interesantes .... el punto de vista artístico
21. Muchos reyes han vivido .... este palacio
22. No estoy seguro, pero creo que cobra .... 450 pesetas .... hora
23. Llegaremos .... España .... el trece
24. Va .... tres años que no lo veo⁴
25. Esto va .... largo
26. .... Santiago suelen madurar las primeras uvas
27. .... las luchas .... los reyes .... Castilla y León se perdieron muchas energías
28. .... el hospital que aún queda en pie se daba .... los caminantes techo, lumbre y sal
29. .... 1576 .... 1798 vivió su época de esplendor
30. .... los veinte profesores sólo cuatro permanecieron en huelga
31. Fue uno .... los seis que firmaron la carta
32. Los mozos abandonan sus casas y desaparecen .... cuatro o cinco días
33. La Semana Santa va .... el domingo de Ramos .... el domingo de Pascua
34. Las sacerdotisas venían cubiertas .... oro y piedras preciosas
35. Muchos autores han escogido .... Sevilla como escenario .... sus obras
36. Las rejas .... flores son realmente bonitas
37. Si quieres entrar .... la casa, tendrás que hacerlo .... el patio
38. .... hace muchos años se han hecho famosos estos festivales
39. El ábside está formado .... una gran torre
40. Este cuero es muy bueno .... carteras⁵
41. Ha publicado varias obras .... éxito creciente
42. Han construido un cine .... dos mil personas
43. Compró una cama grande .... dos

4. La preposición PARA cuando va con el verbo *ir* puede indicar un plazo temporal también hacia el pasado.
5. La preposición PARA puede expresar la aptitud o capacidad para algo.

II. *Rellene los puntos suspensivos con la preposición que considere más apropiada:*

1. Moisés estuvo dándome la lata........... el principio.........el final de la película
2. Observaron las estrellas .... el laboratorio
3. .... su primera.............. su última obra ha seguido una línea argumental y estilística muy coherente
4. Roberto nació .... Murcia, pero sus padres eran.............. la parte ....Cataluña
5. Preguntó la lección .... sus alumnos
6. Regaló carteras......... todos sus empleados
7. Venía...........que me dijeran si es posible matricularse todavía
8. Devolvieron.......... el rehén............. sus camaradas
9. Entregaron .... Rosario el dinero.......... las armas
10. Trabajaron duramente .... conseguir una vida mejor
11. Fueron ....setas.......... el campo
12. Ha escrito un libro .... muchas páginas
13. Compraron un cenicero .... barro y lo decoraron ellos mismos
14. Es....... todos sabido que Einstein fue un gran científico
15. Quedamos entusiasmados...........aquel orador
16. Nicaragua ha sido arrasada ....un fuerte temporal
17. Le pasan esas cosas............lo estúpido que es
18. No lo hice....... hacerte un favor, sino porque no tenía más remedio
19. El esfuerzo realizado........ esos trabajadores es inhumano
20. No me gusta ese pueblo.......sus murallas, sino ....la belleza de sus mujeres
21. Destruyeron el país .... odio que les entró
22. Me lo vendió ....doscientas pesetas
23. Lo hicieron a escondidas .... evitar ser vistos .... el guarda
24. Se porta........... todas partes con mucha dulzura
25. Cuando presentaron ....Maruja.......Felipe le dio tanta vergüenza que se quedó sin decir ni mú.
26. .... las mujeres les encanta ir de compras
27. Este zapatero cobra menos que el tuyo .... arreglarte los zapatos
28. Pagan .... mil pesetas la hora
29. En ese bar te cobran 100 "pelas" .... una copa........... coñac
30. Vendemos todos los retales .... mil duros
31. Cambió su traje de novia blanco....... otro de color rosa pálido

32.   .... esta boquilla usted no notará los efectos nocivos del tabaco

33.   El grifo lo arreglas tú fácilmente .... una llave inglesa

34.   Salieron todos juntos, pero yo me quedé ...... casa .... Rosario

35.   .... unos y otros acabarán destrozándome la moqueta

36.   El leñador llegó helado y se sentó .... la lumbre

37.   .... los veinte años todavía no había acabado el bachillerato

38.   Todas las funciones intelectuales tienen lugar .... el cerebro

39.   Suele dejar las cosas .... cualquier parte

40.   .... la mañana del cuatro de febrero tuvo lugar el accidente

41.   Sobresalía .... el resto de sus hermanos .... su afición al trabajo

42.   Deposita todo el dinero que tengas .... la mesa

43.   .... España el curso académico comienza .... octubre

44.   Lo que os cuento sucedió ...... las dos y las dos y media de la mañana

45.   .... la parte de Galicia se come muy buen marisco

46.   Tengo trabajo .... todo el fin de semana

47.   Nos volveremos a ver el lunes .... la mañana .... las nueve

48.   Aquella finca tendría .... 1.000 hectáreas

49.   El que quiera ir gratis ...... cualquier parte tiene dos soluciones: o va
       .... el coche de san Fernando o va a dedo

50.   Extremadura es tierra ...... la que se asentaron muy antiguas civilizaciones

51.   .... su primer viaje Colón fue .... el puerto de Palos
       .... la mismísima América

52.   Algunas ciudades caminan .... el futuro con ansia ....
       progreso

53.   Siempre anda vagando .... aquí y .... allí

54.   Lo atrajo .... sí con ánimo de golpearlo

55.   Todos los días pasamos .... su casa .... recogerlo

56.   Nos volveremos a encontrar .... el día de tu santo

57.   Hernando de Soto nació .... Jerez de los Caballeros

58.   Este río discurre lentamente ...... ricas huertas y posee una hermosa vega

III. *Las preposiciones en negrita del siguiente texto son incorrectas; corríjalas. Rellene los puntos suspensivos con preposiciones:*

Del balcón mirábamos la mañana. Las mujeres con la cesta de la compra, los desocupados que pasan, los ancianos **en** el sol tibio .... las diez. Bullicio amortiguado .... el cemento. Esa dulzura de la vida que va y viene........ .... las dos filas ...... casas. **Sobre** el balcón descansábamos la vista.

5 Y de pronto rompe el aire, ... estruendos, la voz del chatarrero que se ofrece:

—¿Quién quiere vender algo?

Es un viejo .... unos cincuenta años acompañado .... un niño .... no más de diez. Y un burro, ... un apéndice inseparable: el

10 carro que servía **a** cargar los trastos.

—¡Eh, oiga!, la idea ha surgido repentina. Oiga, ¿usted compra papel? Nosotros tenemos montañas .... periódicos **por** un rincón de la terraza. No sabemos si el chatarrero acepta; se limita a mirarnos, y sólo un poco después para el carro. Entonces, excitados, le indicamos:

15 —¡Es **para** ahí, es **para** ahí!

Y señalamos el portal bajo el balcón. Atentísimos observamos los movimientos, como sin ganas, del chatarrero. Parece que sí; efectivamente, sí, viene........ nuestra casa, llega .... donde le indicamos y bajo nuestros pies desaparece .... nuestra vista. El niño queda de centinela.......... el carro. Febriles

20 como en un juego infantil corremos .... la puerta, salimos ...... el rellano y vigilamos el ascensor, la escalera, esperando la aparición......... nosotros de la figura del anciano .... hermosa voz de chatarrero.

Sin dilación ocurre todo según nuestras previsiones, y el hombre se planta a la puerta, con su cachaza y su mirada astuta y recelosa. Pienso que si intenta

25 engañarnos llevamos, ...defendernos, la ventaja numérica: somos dos contra uno. "Buenos días".

Como sin sentir, el viejo ya se nos ha colado .... la terraza y como con desinterés su vista se pasea........ los trastos; entonces nosotros también nos percatamos de que arrinconadas contra la pared hay un montón ......botellas

30 vacías.

—No; el cristal no. Eso mi primo que luego se lo vende **para** la fábrica.

—Bueno, entonces sólo el papel. ¿ ....cómo compra usted el papel?

—Según.

—¿Según! ¿Cómo que según?

35 Pero el hombre ya ha vuelto sobre sus pasos murmurando que le tiene que ayudar el chico.

—Ahora vuelvo .... el muchacho

Al momento reaparece de nuevo con su ayudante, y ya con gesto decidido entran los dos .... la terraza. Nuestra terraza es pequeña y **en** allí los cuatro nos

40 movemos con dificultad.

Da **hacia** el tejado el sol envalentonado de media mañana. En una romana el viejo va pesando, uno tras otro, los fardos .... periódicos, y el muchacho los va llevando abajo y los deja **hasta** el carro. **A** ecl.ar las cuentas, el viejo repite una y otra vez los kilos que van; por fin todos los periódicos desaparecen **desde**

45 la terraza.

—Bueno, pues les doy cien pesetas **para** todo.

—Oiga, y ese somier. ¿no le interesa ese somier?

Hemos reparado de pronto en el somier que tenemos apoyado contra la pared, **de** hacía tanto tiempo que nos habíamos olvidado de él.

50 —Pues esto (.........) —Y se lo queda mirando **de** todas las posiciones, como **a** retratarlo; por fin decide: Doce pesetas.

—¿Doce pesetas?

Aceptamos **para** un vago sentido comercial. Doce pesetas. Con su somier a cuestas, el viejo emprende ya la retirada, escoltado ..... el niño. De repente nos llegan

55 nuevas ideas:

—¿Y este reloj? Será un buen despertador cuando lo arregle.

No le interesa **a** nada. Entre tanto, el chico se entretiene con un transistor averiado que había **para** allí, ... los trastos. Vemos clara la oportunidad: el niño cómplice.

60 —Sí, sí, la radio. **Para** esto ya nos dará unos cinco duros, calculamos según el baremo demostrado .... el somier

—No, qué va. Seis o siete pesetas

—No, no, **desde** dos duros no bajamos.

Indiferente y digno, el viejo se retira definitivamente .... el somier. El

65 niño abandona con tristeza el pequeño e inútil transistor .... la pila del fregadero. El sol ya pega descaradamente **hacia** la terraza. Al rato oímos de nuevo la voz del chatarrero. Nos asomamos **hasta** el balcón. La vida sigue. El viejo se aleja .... su carro y su extraña filosofía. Casi seguro que el niño ya va entretenido con otra cosa.

(Justo Ponce Solera)

ÍNDICE